資質・能力を育成する 学習評価

カリキュラム・マネジメントを通して

田中 保樹・三藤 敏樹・髙木 展郎 【編著】

東洋館出版社

はじめに

　平成29年・30年に告示された学習指導要領は、令和2年度からは小学校、そして中学校と高等学校も年次進行で順次、全面実施となる。特別支援学校も同様である。改訂された学習指導要領は、各教科等の授業において、教科等の見方・考え方を働かせ、主体的・対話的で深い学びを実現し、児童生徒の資質・能力を育成することを大切にしている。それらを実現するためには、学習評価を正しく理解し適切に行うことで、指導と評価の一体化を図り、指導や学習を改善したり充実したりする中で、児童生徒の資質・能力を育成することである。各学校においては、まさにカリキュラム・マネジメントを推進することが求められている。

　改訂された小学校学習指導要領の総則では、学習評価の実施に当たって、次の事項に配慮することが記載されている。これは中学校、高等学校、特別支援学校でも同様である。

（1）　児童のよい点や進歩の状況などを積極的に評価し、学習したことの意義や価値を実感できるようにすること。また、各教科等の目標の実現に向けた学習状況を把握する観点から、単元や題材など内容や時間のまとまりを見通しながら評価の場面や方法を工夫して、学習の過程や成果を評価し、指導の改善や学習意欲の向上を図り、資質・能力の育成に生かすようにすること。

（2）　創意工夫の中で学習評価の妥当性や信頼性が高められるよう、組織的かつ計画的な取組を推進するとともに、学年や学校段階を越えて児童の学習の成果が円滑に接続されるように工夫すること。

　つまり、学習評価とは、学習指導要領の目標の実現状況を把握し、指導の改善や学習意欲の向上を図り、資質・能力の育成に生かす営みのことである。ゆえに、学習評価は児童生徒を序列化するものではないし、学習成績を付けたり進路選択の資料としたりするためだけにあるものではない。目標や評価規準に照らして、児童生徒の学習の状況を捉えて学習の過程と成果を評価し、教員による学習指導や児童生徒の学習活動を改善したり充実したりしていくことで授業の改善を図り、児童生徒の資質・能力を育成し、よりよい成長を支えていくことが学習評価において大切なことである。

　本書にも詳述するように、現在もこれからの評価も目標に準拠した評価として行われる。目標に準拠した評価は、集団に準拠した評価（相対評価）と比較して、児童生徒一人一人の資質・能力の育成に適した評価と言えるが、一方で、目標に準拠した評価は目標や評価規準に対して実現できているかどうかを評価するものであるので、児童生徒にとって「できた・できない」といった成果の状況にとらわれやすかったり、努力や進歩の状況が反映されていないと感じたりするものとなることもある。それらを補うのが、個人内評価である。学習の過程における指導や支援、面談でのコメント、通知表等の所見などを通し

て、一人一人の学習の状況を児童生徒へフィードバックし、児童生徒が目標を実現できる
ようにすることが大切である。個人内評価を適切に行うことは、児童生徒の資質・能力を
育成することに大きく寄与する。

　学習指導要領が全面実施されようとする現在、全国の各学校の学習評価はどうであろう
か。

　全国各地の学校では、カリキュラム・マネジメントの中で児童生徒の資質・能力を育成
するための学習評価の在り方の研究が続けられている。しかし、その中で多くの疑問や戸
惑いが生まれていることも事実である。そこで、編著者である田中保樹・三藤敏樹・髙木
展郎の3名は、それぞれの学校等において日々実践に取り組んでいる多くの教員等の協力
を得て、全国の学校において「これからの時代に求められる資質・能力」を育成するため
の学習評価の充実が図られることを願って、本書を発行することにした。

　本書は、校種や教科等を超えて、資質・能力の育成に資する学習評価について考察し、
記述している。様々な校種や教科等の取組を例示しているので、読者の皆様には目の前の
児童生徒の資質・能力をどのように育成したらよいかという視点から各ページを捉えてい
ただき、自身の学校の実態や実情に即してどうするかを考える機会としていただくことを
願っている。

　Ⅰ章「資質・能力を育成するカリキュラム・マネジメント」においては、資質・能力を
育成するカリキュラム・マネジメントについて、小学校、中学校、高等学校、特別支援学
校の4校種について、校長による実践例を示した。

　Ⅱ章「カリキュラム・マネジメントに位置付いた学習評価」においては、資質・能力を
育成する学習評価及び学習指導について、カリキュラム・マネジメントの視点から、単元
や題材等の学習指導案について4校種15の例と、その単元や題材等における学習評価に
関する解説を示した。

　Ⅲ章 PDCA サイクルに位置付いた学習評価の解説と実際の例」においては、カリキュ
ラム・マネジメントにおける PDCA サイクルの中での学習評価を考える上で重要な用語
や概念についての解説とともに、学習評価の実際の例を示した。

　さらに、特別寄稿として巻頭に、前文部科学省初等中等教育局主任視学官であり、秀明
大学教授である清原洋一氏の「これからの学習評価に期待すること」を掲載している。

　本書が、全国の学校におけるカリキュラム・マネジメント、そして学習評価の充実の一
助となれば、3名の編著者と21名の執筆者にとっては望外の喜びである。

　2020年2月

　　　　　　　　　　　　　　　　　　　　　　　　　　　田中　保樹・三藤　敏樹

CONTENTS

第Ⅲ章　PDCA サイクルに位置付いた学習評価の解説と実際の例 ……… 99

これからの学習評価に期待すること

清原　洋一　　秀明大学教授

（前文部科学省初等中等教育局主任視学官）

はじめに

　社会はめまぐるしく変化し、複雑で予測困難な時代となってきている。そのような中、一人ひとりの可能性をより一層伸ばし、新しい時代を生きる上で必要な資質・能力を確実に育んでいくことを目指し、学習指導要領の改訂が行われた。育成すべき資質・能力については、「知識及び技能」、「思考力、判断力、表現力等」、「学びに向かう力、人間性等」の三つの柱で整理し、学習評価についても、育成すべき資質・能力に対応した観点別評価が行われることとなる。以下に、新学習指導要領[1]や指導要録の改善通知[2]等の特徴的な事項と関連させながら、これからの学習評価への期待を述べる。

1．資質・能力の整理と学習評価

（1）新学習指導要領の特徴及び評価の観点

　今回の学習指導要領改訂においては、教科の目標について、すべての教科を通じて以下のような示し方をしている。

　〜の見方・考え方を働かせ、〜を通して、（教科で育成する）資質・能力を次のとおり育成することを目指す。

（1）（「知識及び技能」に関する記述）

（2）（「思考力、判断力、表現力等」についての記述）

（3）（「学びに向かう力、人間性等」についての記述）

　いずれの教科も教科の特質に応じた見方・考え方を働かせながら、どのような学習の過程を通して、三つの柱で示した資質・能力を育成するという示し方をしている。このように、育成すべき資質・能力だけでなく、そこに至る学習の過程も含めた表現となっている。内容についても育成すべき資質・能力の柱にそって整理している。このため、学習指導要領解説には、学習過程を通して育成すべき資質・能力についてイメージできるような例も示されている。

　このことに加え、観点別学習評価については、資質・能力の三つの柱で再整理した新学習指導要領の下での指導と評価の一体化を推進する観点から、観点別学習状況の評価の観点についても、これらの資質・能力に関わる「知識・技能」、「思考・判断・表現」、「主体的に学習に取り組む態度」の3観点に整理し、学習評価が行われることとなった[2][3]。

（2）指導と評価のメリット

ア　教科の指導イメージが明確に

　新学習指導要領が、育成すべき資質・能力が三つの柱で整理され、そこに至る学習の過程も含めた表現となったことから、教科の学習指導と評価について、以下のようなメリットが考えられる。

・どのような学習過程を経て、どのような資質・能力が育成されるかについてイメージしやすくなる。

・どのような場面で、どのように評価するかイメージしやすくなる。

・時系列を追って、どのように資質・能力が育成されていくか捉えやすくなる。

・以後の学習で、さらにどのように資質・能力を育成していくかが捉えやすくなる。

　このように、各教科でどのような学習過程を通してどのような資質・能力が育成されていくか、その指導と評価の全体像が捉えやすくなる。従前から「指導と評価の一体化」について強調されてきたが、このことがより一層明確な構成となったと言えよう。

イ　各学校での教育展開の全体イメージが捉えやすく

　今回の学習指導要領改訂により、育成すべき資質・能力が構造的に示されたことから、専門あるいは得意とする教科だけでなく、それ以外の教科についても捉えやすくなっている。このことから、

・各教科の特質や違いが明確になる。

・教科と他の教科との関連について捉えることが比較的容易になる。

・学校の教育目標と各教科で育成する資質・能力の関連が明確になる。

・学習評価について、教科を超えて理解が進む。

というように、教科の枠を超えて学習指導と評価についての理解が進み、学校の教育展開の全体像を捉えた取組となり活性化していくことが期待される。

（3）「主体的に学習に取り組む態度」の評価についての期待

　「学びに向かう力、人間性等」については、「主体的に学習に取り組む態度」として観点別学習状況の評価を通じて見取ることができる部分、感性や思いやりなど、観点別学習状況の評価にはなじまず個人内評価等を通じて見取る部分があることに留意する必要があることが示された。

　そして、「主体的に学習に取り組む態度」については、

①　知識及び技能を獲得したり、思考力、判断力、表現力等を身に付けたりすることに向けた粘り強い取組を行おうとする側面

②　①の粘り強い取組を行う中で、自らの学習を調整しようとする側面

という二つの側面を評価することが示された。このことは、これまでの「関心・意欲・態度」の観点を、挙手の回数やノートの取り方などの形式的な活動で評価するといった誤解

を払拭し、各教科等の学習内容に関心をもつことのみならず、よりよく学ぼうとする意欲をもって学習に取り組む態度を評価するという本来あるべき趣旨を、一層明確にしようとするものであるとも言えよう。しかも、自己調整、つまり、子供たちが自ら学習の目標をもち、進め方を見直しながら学習を進め、その過程を振り返り新たな学習につなげるといった面をより重視している。各教科等における知識及び技能の習得や、思考力、判断力、表現力等の育成に向けて児童生徒が適切に学習を調整することができるよう、学習の進め方を適切に指導するなどが今まで以上に求められることになる。そして、このような学習指導と評価を進めていくことで、児童生徒は、必要と感じた資質・能力を自ら獲得していく力を身に付けていくことであろう。

2 カリキュラム・マネジメント等への期待

今回の学習指導要領改訂においては、主体的・対話的で深い学びの視点からの授業改善、カリキュラム・マネジメントなどが強調されている。

(1) 主体的・対話的で深い学びの視点からの授業改善

新学習指導要領の総則には、「単元や題材など内容や時間のまとまりを見通しながら、児童（生徒）の主体的・対話的で深い学びの実現に向けた授業改善を行うこと」と示されている。このことは指導と評価の一体化という面からも大切である。授業改善を進めていくためには、児童生徒一人一人の学習の成立を促すための評価という視点を重視しながら、計画的に指導や支援を行っていくことが大切である。教師が授業の中での児童生徒の学びを振り返り、学習指導と評価の改善に生かしていくといったことを繰り返す中で、各教科等における資質・能力が確実に育成されていくことであろう。

平成28年12月に中央教育審議会から出された「幼稚園、小学校、中学校、高等学校及び特別支援学校の学習指導要領等の改善及び必要な方策等について（答申）」[4) には、「主体的・対話的で深い学び」について、「主体的な学び」、「対話的な学び」、「深い学び」それぞれ記載がある。このことと関連して授業の改善を進めていくための教師自身への問いの例について示すことにする。

ア 「主体的な学び」

答申の記載：学ぶことに興味や関心を持ち、自己のキャリア形成の方向性と関連付けながら、見通しを持って粘り強く取り組み、自己の学習活動を振り返って次につなげる「主体的な学び」が実現できているか。

授業改善のための問いの例
・興味・関心を持てるような教材になっているか。また、その提示の時期や仕方は適切なものになっているか。学習場面の設定は児童生徒にふさわしいものになっているか。
・自己のキャリア形成の方向性と関連付けられているか。そのための発問は適切か。

・児童生徒は、見通しを持って粘り強く取り組んでいるか。学習のねらいは明確で適切なものになっているか。見通しを持てるように場面を設定しているか。

・振り返りの場面を適切なタイミングで設定しているか。振り返りたくなるような発問をしているか。次の学びにつながっていくような発問となっているか。　　　　　　　　など

イ 「対話的な学び」

　答申の記載：子供同士の協働、教職員や地域の人との対話、先哲の考え方を手掛かりに考えること等を通じ、自己の考えを広げ深める「対話的な学び」が実現できているか。

　授業改善のための問いの例

・対話的な学びを授業の中に計画的に位置付けているか。

・自己の考えを広げ深められるような発問をしているか。外部の方々と対話し考えが広まり深まっていくように工夫しているか。先哲の考え方を紹介するなど工夫しているか。

・自己の思考の変容に気付き、表出したくなるように指導を工夫しているか。　　　　など

ウ 「深い学び」

　答申の記載：習得・活用・探究という学びの過程の中で、各教科等の特質に応じた「見方・考え方」を働かせながら、知識を相互に関連付けてより深く理解したり、情報を精査して考えを形成したり、問題を見いだして解決策を考えたり、思いや考えを基に創造したりすることに向かう「深い学び」が実現できているか。

　授業改善のための問いの例

・各教科等の特質に応じた「見方・考え方」を働かせたくなるような学習場面を設定しているか。

・知識を相互に関連付けて考えを深めるような学習場面を設けているか。

・単なる知識を問うだけに留まるのではなく、知識を相互に関連付けて理解しているかを問うているか。

・児童生徒は、聞き取った情報が正確なものであるか、適切な根拠に支えられたものであるか、自分にとって必要な情報であるかなど、様々な視点から情報を精査し、取捨選択しているか。

・問題を見いだすような場面、解決策を考えるような学習場面を計画的に位置づけているか。

・発想や構想したことを基に材料や用具などを生かし工夫するなどして、創造的に表現するような場面を設けているか。

・児童生徒は、考えを深めたり、創造したりする喜びを感じているか。　　　　　　　　など

　以上のような問いをもちつつ、自らの指導を振り返る場面を適宜設け、学習指導と評価の改善に活かしていくことが大切であろう。その結果、児童生徒一人ひとりの学習の充実につながっていくことが期待される。

（2）カリキュラム・マネジメント

　新学習指導要領において、カリキュラム・マネジメントが強調されている。総則には、「児童（生徒）や学校、地域の実態を適切に把握し、教育の目的や目標の実現に必要な教育の内容等を教科等横断的な視点で組み立てていくこと、教育課程の実施状況を評価してその改善を図っていくこと、教育課程の実施に必要な人的又は物的な体制を確保するとともにその改善を図っていくことなどを通して、教育課程に基づき組織的かつ計画的に各学校の教育活動の質の向上を図っていくことに努めるものとする。」と示されている。

　このうち、児童生徒や学校、地域の実態を適切に把握し、その上で教育課程編成を編成し、教育課程に基づき組織的かつ計画的に各学校の教育活動の質の向上を図っていくことは、学校として従前から行われていたことであろう。今回の改訂では、このことに加え、以下のカリキュラム・マネジメントの三つの側面が、明確に示されている。

① 教育の目的や目標の実現に必要な教育の内容等を教科等横断的な視点で組み立てていくこと
② 教育課程の実施状況を評価してその改善を図っていくこと
③ 教育課程の実施に必要な人的又は物的な体制を確保するとともにその改善を図っていくこと

　例えば、中学校学習指導要領、第1章「総則」の第2「教育課程の編成」の1には、「各学校の教育目標と教育課程の編成に当たっては、学校教育全体や各教科等における指導を通して育成を目指す資質・能力を踏まえつつ、各学校の教育目標を明確にするとともに、教育課程の編成についての基本的な方針が家庭や地域とも共有されるよう努めるものとする。その際、第4章総合的な学習の時間の第2の1に基づき定められる目標との関連を図るものとする。」と示されている。このことについて、カリキュラム・マネジメントの三つの側面①から③と関連させて考えてみたい。今回の改訂では、各教科において育成すべき資質・能力が3つの柱で整理されたことから、学校としての教育目標と各教科との関連等を把握しやすい構造となっている。この特徴を生かし、①の「教育の目的や目標の実現に必要な教育の内教育の内容等を教科等横断的な視点で組み立て」を行っていくことにより、学校の教育目標と各教科の指導目標との関係が明確になり、より有機的な教育課程編成となることが期待されよう。そして、育成すべき資質・能力が三つの柱で整理され、学校の教育目標とが関連付けられていればこそ、②の「教育課程の実施状況を評価してその改善を図っていくこと」に学習評価がより効果的に生かされ、組織的かつ計画的に各学校の教育活動の質の向上が図られていくことが期待される。また、教育課程の編成についての基本的な方針が家庭や地域とも共有されつつ、③の「教育課程の実施に必要な人的又は物的な体制を確保するとともにその改善を図っていくこと」にもつながっていくことが期待される。

（3）学習評価と働き方改革

　今回の指導要録の改善通知においては、「学習評価の改善の基本的な方向性」として、「学校における働き方改革が喫緊の課題を踏まえ、次の基本的な考え方に立って、学習評価を真に意味のあるものとすることが重要」であることが示され、以下の三点が記述されている。

・児童生徒の学習改善につながるものにしていくこと

・教師の指導改善につながるものにしていくこと

・これまで慣行として行われてきたことでも、必要性・妥当性が認められないものは見直していくこと

　学習評価の改善とカリキュラム・マネジメントが一体的に進むことにより、学校の各取組の有効性の検証に学習評価が生かされ、精選や改善が繰り返される中で、働き方改革を踏まえつつ、より効果的な教育が展開されていくことであろう。

おわりに

　昨今、Society.5.0をはじめとして、時代の変化の大きなうねりを感じる言葉が飛び交っている。そのような中で、自らこれからの時代を創造していく人材の育成が求められている。このようなことは、一朝一夕にできることではない。学習評価を適切に行い、指導と評価の一体化を図り、指導や学習を改善したり充実したりすることで、児童生徒の資質・能力を育成する日々の教育活動の積み重ねがあってこそできることである。カリキュラム・マネジメントに位置付いた学習評価が行われていくことで、これからの時代を切り拓く教育が展開されていくことを期待したい。

参考
1）平成29・30年改訂 学習指導要領、解説等
https://www.mext.go.jp/a_menu/shotou/new-cs/1384661.htm
2）「小学校、中学校、高等学校及び特別支援学校等における児童生徒の学習評価及び指導要録の改善等について（通知）」30文科初第1845号、平成31年3月
https://www.mext.go.jp/b_menu/hakusho/nc/1415169.htm
3）中央教育審議会初等中等教育分科会教育課程部会「児童生徒の学習評価の在り方について（報告）」平成31年1月、
https://www.mext.go.jp/b_menu/shingi/chukyo/chukyo3/004/gaiyou/1412933.htm
4）「幼稚園、小学校、中学校、高等学校及び特別支援学校の学習指導要領等の改善及び必要な方策等について（答申）」、平成28年12月、
https://www.mext.go.jp/b_menu/shingi/chukyo/chukyo0/toushin/1380731.htm

第 I 章

資質・能力を育成する
カリキュラム・マネジメント

本章では、学習指導要領で示されている資質・能力を育成するために、
カリキュラム・マネジメントをどう推進していくかについて解説する。
さらに、第3節では、カリキュラム・マネジメントの実際として、
以下の例を紹介する。

1　小学校
2　中学校
3　高等学校
4　特別支援学校

第 1 節　資質・能力の育成に向けて

1.　学習指導要領が求める資質・能力とは

　2017（平成29）年3月告示・2018（平成30）年3月告示の学習指導要領（以下、「平成29年版」「平成30年版」とする）では、学力という用語は使用されず、資質・能力という用語が使われている。2008（平成20）年告示の学習指導要領（以下、「平成20年版」とする）でも資質・能力という用語が使われている。学力という用語は、学校教育の中のみで使われるのに対し、資質・能力という用語は、生涯にわたって使われる。

　これからの学校教育において求められるのは、生涯にわたって必要な資質・能力であり、さらに、学校教育を離れた後も学び続けることによって、時代に即し、対応した資質・能力を常に更新し、一人一人の人生に必要な資質・能力の向上を形成し続ける意味でも重要となる。

　時代は常に変化し、そこに求める一人一人の資質・能力は、次代が求める資質・能力でもある。その育成のためには、学校教育段階に置いて、「いかに学ぶか」「どのように学ぶか」、そのためには「何が必要か」、各自がその認識をもつことが重要となる。

　平成29年版の総則では、資質・能力について、以下のように示されている（小学校p.18、中学校p.20、高等学校pp.19-20、特別支援学校p.63）。

> 　児童（生徒）に、生きる力を育むことを目指すに当たっては、学校教育全体並びに各教科、道徳科、外国語活動、総合的な学習の時間及び特別活動の指導を通してどのような資質・能力の育成を目指すのかを明確にしながら、教育活動の充実を図るものとする。その際、児童の発達の段階や特性等を踏まえつつ、次に掲げることが偏りなく実現できるようにするものとする。
> (1)　知識及び技能が習得されるようにすること。
> (2)　思考力、判断力、表現力等を育成すること。
> (3)　学びに向かう力、人間性等を涵養すること。

　上記の (1)(2)(3) に示されているものは、平成29年版の各教科の目標において、それぞれの教科の内容に沿って、(1) 知識及び技能 (2) 思考力、判断力、表現力 (3) 学びに向かう力、人間性等、として示されている。そこに示されている各教科等の目標は、各教科等で育成すべき資質・能力となる。

　平成29年版で示されている資質・能力は、平成8年7月19日中央教育審議会「21世

紀を展望した我が国の教育の在り方について」（第一次答申）の「第1部　今後における教育の在り方」「(3) 今後における教育の在り方の基本的な方向」で示された［生きる力］に、示された内容である。そこでは、次のように示されている。

> いかに社会が変化しようと、自分で課題を見つけ、自ら学び、自ら考え、主体的に判断し、行動し、よりよく問題を解決する資質や能力であり、また、自らを律しつつ、他人とともに協調し、他人を思いやる心や感動する心など、豊かな人間性であると考えた。たくましく生きるための健康や体力が不可欠であることは言うまでもない。我々は、こうした資質や能力を、変化の激しいこれからの社会を［生きる力］と称することとし、これらをバランスよくはぐくんでいくことが重要であると考えた。
> ［生きる力］は、全人的な力であり、幅広く様々な観点から敷衍することができる。

　［生きる力］には、確かな学力・豊かな人間性・健康や体力の三つの資質・能力が示されている。
　このうち［確かな学力］とは「知識や技能に加え、自分で課題を見付け、自ら学び、主体的に判断し、行動し、よりよく問題を解決する資質や能力まで含めた学力」と定義されている。
　上記に示されている［生きる力］は、中央教育審議会から平成8年7月に示されて以降、平成10年版学習指導要領の中核的な理念として定位し、平成20年版にも引き継がれ、さらに、今回の平成29年版においても、「育成を目指す資質能力の三つの柱」（図1）に示されている (1) 知識及び技能 (2) 思考力、判断力、表現力 (3) 学びに向かう力、人間性等、のトライアングルの中心となる重要な位置付けに［生きる力］が示されている。
　これからの未来社会に向けて、そこで生きて働く資質・能力を学校教育で育成すること

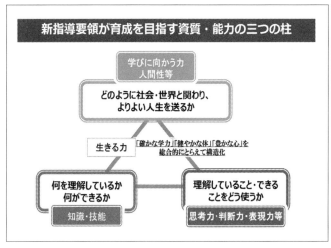

図1

は、まさに未来を創ることでもある。

これまでの日本の学校教育で、主として学力とされてきた「知識及び技能」の習得や習熟のみではなく、「思考力、判断力、表現力等」や「学びに向かう力、人間性等」をも含めた資質・能力の育成は、これからの時代を生きる子供たちに対して、多様化した未来社会で求められる資質・能力でもある。

この資質・能力として示された三つの柱を、これからの学校教育でいかに育成するかが、平成29年版での重要な課題となっている。それは、学校教育を通して、未来に生きる児童生徒に、未来に通じる資質・能力を育成しようとしているからである。

2. 学力から資質・能力へ

戦後、資源のない日本は、昭和の時期、海外で発明された優れた製品とそれを作る技術を移入して、それをより優れた機械や工業製品として生み出す、いわゆる加工貿易を行ってきた。典型が、トランジスタラジオに象徴される家電製品であり、自動車等の産業であった。その生産性や技術革新により、戦後において繁栄し、GDPが世界第二位になった時代もあった。

このような日本の戦後の繁栄は、教育による優れた人材の育成によるところが大きいとも言われている。戦後、それまでの明治、大正時代、さらに昭和初期の学校教育から、小学校6年間、中学校3年間、高等学校3年間の学校制度に変え、アメリカ型の教育が行われるようになった。昭和の終わりには、高等学校への進学率が90％を超え、大学への進学率も50％を超えるようになった。この制度が日本の戦後の日本の繁栄に機能したことは、言うまでもない。

しかし、この学校制度は、大学入試を頂点とした進学のための受験学力が中心となる内容で、「よい高校、よい大学、よい就職先」と受験による選抜試験によるもので、ペーパーテストでの得点の結果によって、1点刻で序列を付けるものであった。そこでは、他者との比較による序列を偏差値を用いて行われたことから、「偏差値教育」とも言われた。この受験学力からの転換は、1973（昭和48）年のオイルショックを契機とし、資源のない日本が、単なる知識の習得と再生とを学力としていたのでは、ものを創造することが困難であることに気付いた時代でもあった。そこで、集団の中での序列を付けることから、一人一人の個を重視し、一人一人の個性を重視しようとする学力観への転換を図ろうとした。それは、昭和52年告示の学習指導要領が、結節点であったとも言える。そこでは、知識の習得と再生の正確性をペーパーテストのみによって測ることの限界が見えてきた時代でもあった。戦後の高度経済成長が減速化し、社会や企業が求める学力観そのものが変化する兆しを見せ始めていた。そこで、一人一人の個を重視し、それぞれの個にあった学力の育成を図ろうとする方向性を認めようという動きが起こりつつあった。時代は昭和から平成に変わり、その変化はさらに加速し始める。

　このような時代の変化の中で、資源のない日本の学校教育において知識の習得量と再生の正確性のみを学力とすることからでは、グローバル化し始めた世界経済の中で日本が立ち行かなくなることは自明であった。そのため、教育の質的転換を図る状況も生まれてきた。

　それまでの学力ということばから、資質・能力ということばへの転換を図るきっかけとなったのが、2000（平成12）年の経済協力開発機構 OECD による、学習到達度調査 Programme for International Student Assessment（PISA）である。これは、加盟国の15歳の生徒を対象として、32ヵ国が参加して国際的に行われた。そこでは、資質・能力の育成は、既にグローバル化しており、先進諸国がこれからの時代に求める資質・能力の内容を共通して育成しようとしていた。

　この PISA が明らかにしようとしている内容は、読解・数学・科学の Literacy（リテラシー）である。読解リテラシーは「自らの目標を達成し、自らの知識と可能性を発達させ、効果的に社会に参加するために、書かれたテキストを理解し、利用し、熟考する能力」として定義されている内容であった。それは、辞書的な意味の読解力とは、大きく異なり、受容としての学力だけではなく、社会参画を視角に入れた Active（能動的）な資質・能力の育成を学校教育に取り入れようとするものでもあった。このような資質・能力を、世界の先進諸国が教育によって育成するという方向性が、この時期に示されていたのである。

　PISA によって、日本の学校教育の中で閉ざされてきたそれまでの学力観が、社会とのつながりの中で求められる資質・能力への転換を図ることの意味とその必要性が明らかになったため、生涯にわたって必要な資質・能力の育成を、学校教育においても行うという方向に転換を図ることになった。

　学習指導要領においても、平成20年版では、「学力」という用語ではなく「資質・能力」という用語が用いられるようになっており、平成29年版においても、それが踏襲されていたのは、上記の理由によるものである。まさに、世界規模で、これからの時代が求める資質・能力の定義が行われたのである。

3.　Society 5.0 の時代に向けた教育の方向性

　今日、社会変革の中で「Society 5.0」の時代を迎えようとしている。狩猟社会（Society 1.0）、農耕社会（Society 2.0）、工業社会（Society 3.0）、情報社会（Society 4.0）、の次に来る未来社会（Society 5.0）に向けて、そこで必要な資質・能力の育成を、学校教育においても図らなくてはならない時代を迎えている。

　実社会においては、既に自動車の自動運転等 IoT（Internet of Things）や人工知能（AI）の技術を使った様々な技術革新や発達が進んでいる。例えば、定型的業務や数値的に表現可能な業務は、AI 技術の発達によって代替が可能となってきている。実社会においては、既に産業の変化や働き方の変化が始まっているとも言える。

このような時代を迎えようとしている今日、学校教育においても従来行われてきた教育内容や方法が、それがたとえこれまでは優れていたり機能したりしていたとしても、次代に向けてその在り方を転換する必要が既に出現していることに気付きたい。

　OECDは、2030年までに世界の教育が目指す教育モデルが日本にある、としている。日本の教育は、世界的にも認められ、優れていることも確かである。OECDの調査でも示されているが、教育に掛ける予算が先進諸国の中で最低レベルであるにもかかわらず、日本の教育が評価されているのは、日本の教育において、教師が献身的な教育活動を日々行っていることによる成果でもあることを認めたい。今日、そのことに対して教育界は働きすぎであると言われたりもしているが、日本の教師は、時間を顧みることなく、児童生徒のためによりよい教育を行おうとする姿勢をもっていることを、社会一般やマスコミが認め、教師の姿勢を支援し、応援する体制を確立することが、日本の学校教育をよりよくすると考える。

　そのOECDが提唱するこれからの社会で必要な資質・能力として「Education2030」の中で示しているのが、Well-being（個人的・社会的によりよく幸せに生きること）である。そこに示されている内容は、「新学習指導要領が育成を目指す資質・能力の三つの柱」（図1）にある「どのように社会・世界と関わり、より良い人生を送るか」＜学びに向かう力　人間性等＞と軌を一にする。

　日本の学校教育が今日目指そうとしている教育内容は、世界の先進諸国が目指そうとしている教育内容とベクトルを同じくしている。それは、学校という教育機関にとどまることなく、一人一人の個が「生きる」ということに焦点を当てた人間尊重の教育の方向性が示されているとも言えよう。それは、人としての多様性（Diversity）の尊重でもある。

　これまで学校教育の中に閉ざされてきた学力を、一人一人の個が生きることの多様性を尊重する中に、資質・能力として機能するようにすることが、これからの学校教育には求められる。それは、学校が変わることでもあり、そこでの学びがこれまでとは変わることでもある。

　Society5.0における学校教育において、これまでの日本の学校教育のよさを継承しつつ、平成29年版に示されている資質・能力の三つの柱を育成することは、これからの時代を生きる子供たちの未来がかかっているとも言えよう。

　その実現のためには、平成29年版に示されている目標と内容とを基礎として、児童生徒一人一人の個に合わせ、それぞれの多様性を認めつつ資質・能力を育成することが求められる。それは、一人一人の個を切り離すのではなく、学級というコミュニティーの中での個の尊重であり、個を生かすことでもある。

　そこでは、これまでの教室という閉ざされた空間での学びだけではなく、基盤としての学力を保障しつつ、多様な学びの実現を図る教育課程の編成が求められる。それを実現するためには、各学校におけるカリキュラム・マネジメントが重要となり、各学校ごとにそれを策定することが求められる。

第2節 資質・能力を育成する カリキュラム・マネジメント

1. 教育課程とは

　教育課程という用語には、各学校において学習指導要領に示されている目標と内容とに則して、「何を、いつ、どのように」行うか、すなわち教材の配列と年間指導計画、時間配当を行うことも含まれる。各学校においては、地域や学校、児童生徒の実態に則し、各学校の学校目標を実現を図るために、それぞれに応じた教育課程の編成を、学習指導要領の内容を基準として行うことが求められる。

　教育課程の編成を各学校ごとに行うようになったのは、日本においては1947（昭和22）年の学習指導要領試案により、日本の学校教育におけるカリキュラムの位置付けが始まったことによる。学習指導要領は1958（昭和33）年から告示とされたため、教育課程の基準としての性格が明確化され、目標と内容の実施に関して法的な拘束力をもつようになった。以後、今日まで、一部改訂を含め7回の改訂が行われている。

　学習指導要領は、義務教育段階の児童生徒に対しての教育の機会均等を保障するものであり、日本において、どこにいても等しい教育を受けられることを保障するものでもある。しかし、日本国内といえども様々な地域があり、その実態や実情は異なる。そこで、各学校ごとに、この教育課程の編成を行うことが求められている。

　しかし現状は、各学校ごとの教育課程を編成することは、あまり多く行われていないのではないだろうか。それは、1903（明治36）年に国定教科書を用いるようになって以降、教科書信奉が生まれ、教科書を目次の順に行うことが多かったことによると考える。国定教科書ではなく民間の教科書会社が制作する教科書を用いるようになった戦後教育においても、教科書の目次の順番どおりに授業が行われていることが多く認められる。

　このような教科書の目次の順番に沿った授業が全国で行われている状況は、同じ教科書会社の教科書を使用している地域では、ある意味、全国一律の授業が行われることになり、地域や学校の実態や実情に即した授業が行われない状況も生み出している。

　教育課程は、地域や学校、児童生徒の実態に即した授業を行うために編成されるべきものである。単に、教科書の配列に従って授業を行うのではなく、学校教育目標の実現のために、児童生徒の実態や地域の実情に即した教育課程の編成が、今日求められている。

2. 「社会に開かれた教育課程」とは

　「社会に開かれた教育課程」ということばは、平成29年版から、使用された用語である。

文部科学省の「新しい学習指導要領リーフレット」（2018 年）には、以下のように説明されている。

> 「社会に開かれた教育課程」とは、よりよい学校教育を通じてよりよい社会を作るという目標を学校と社会とが共有し、それぞれの学校において、必要な教育内容を明確にしながら、社会との連携・協働によってそのような学校教育の実現を図ることを目指すものです。すなわち、学校は、社会と自校との関わりを捉え、社会とのつながりを考えた教育課程を編成して、社会と共有・連携しながらその教育課程を実施していくことが求められるのです。

　平成 29 年版に向けて、中央教育審議会「幼稚園、小学校、中学校、高等学校及び特別支援学校の学習指導要領等の改善及び必要な方策等について（答申）」（平成 28 年 12 月 21 日、以下「答申」とする）では、次のように示している。

> 本答申は、学校を変化する社会の中に位置付け、学校教育の中核となる教育課程について、よりよい学校教育を通じてよりよい社会を創るという目標を学校と社会とが共有し、それぞれの学校において、必要な教育内容をどのように学び、どのような資質・能力を身に付けられるようにするのかを明確にしながら、社会との連携・協働によりその実現を図っていくという「社会に開かれた教育課程」を目指すべき理念として位置付けることとしている。これによって、教職員間、学校段階間、学校と社会との間の相互連携を促し、更に学校種などを越えた初等中等教育全体の姿を描くことを目指すものである。(p.1)

さらに、「社会に開かれた教育課程」として重要な点を次のように指摘している。

> ①　社会や世界の状況を幅広く視野に入れ、よりよい学校教育を通じてよりよい社会を創るという目標を持ち、教育課程を介してその目標を社会と共有していくこと。
> ②　これからの社会を創り出していく子供たちが、社会や世界に向き合い関わり合い、自らの人生を切り拓いていくために求められる資質・能力とは何かを、教育課程において明確化し育んでいくこと。
> ③　教育課程の実施に当たって、地域の人的・物的資源を活用したり、放課後や土曜日等を活用した社会教育との連携を図ったりし、学校教育を学校内に閉じずに、その目指すところを社会と共有・連携しながら実現させること。（答申、pp.19-20）

　これまで学校教育が学校に総て任されてきた状態から、社会や地域・家庭も学校と連携・協働しながら児童生徒を育成することの重要性に気付き始めたとも言える。

3.　カリキュラム・マネジメントとは

　カリキュラム・マネジメントとは何かと問われたとき、どのような説明が分かりやすいだろうか。カリキュラム・マネジメントという用語は聞いたことはあるが、では、具体的に何を、どのようにしたらよいかが、あまり理解されていないのではないだろうか。

　カリキュラム・マネジメントのカリキュラムは、教育課程と言われるもので、学習指導要領に示されている目標と内容とを示すこともある。一方、マネジメントは、「管理」や「経営」という言葉が当てはまり、そこから学校管理や学校経営につながると受け止められてきている。

　そこで、カリキュラム・マネジメントは、教育課程の管理や経営ということになり、これまでは学校の管理職が行うものとされてきた面がある。平成29年版には、カリキュラム・マネジメントについて、次のように示されている（小学校 p.18、中学校 p.20、高等学校 p.20、特別支援学校 p.63）

　　各学校においては、児童（生徒）や学校、地域の実態を適切に把握し、教育の目的や目標の実現に必要な教育の内容等を教科等横断的な視点で組み立てていくこと、教育課程の実施状況を評価してその改善を図っていくこと、教育課程の実施に必要な人的又は物的な体制を確保するとともにその改善を図っていくことなどを通して、教育課程に基づき組織的かつ計画的に各学校の教育活動の質の向上を図っていくこと（以下「カリキュラム・マネジメント」という。）に努めるものとする。

　上記に認められるのは、「教育課程に基づき組織的かつ計画的に各学校の教育活動の質の向上を図っていくこと」であり、各学校の児童生徒の実態に即して学校の教職員全体でカリキュラム・マネジメントを行うことが求められる。

　カリキュラム・マネジメントの実現に向けて、その対象とするものに関して、平成29年版解説総則編（小学校・中学校・高等学校 p.2、特別支援学校 p.4）に、以下の内容が示されている。

　①　「何ができるようになるか」（育成を目指す資質・能力）
　②　「何を学ぶか」（教科等を学ぶ意義と、教科等間・学校段階間のつながりを踏まえた教育課程の編成）
　③　「どのように学ぶか」（各教科等の指導計画の作成と実施、学習・指導の改善・充実）
　④　「子供一人一人の発達をどのように支援するか」（子供の発達を踏まえた指導）
　⑤　「何が身に付いたか」（学習評価の充実）
　⑥　「実施するために何が必要か」（学習指導要領等の理念を実現するために必要な方

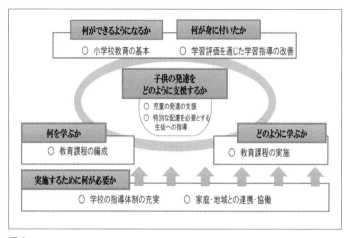

図2

｜　策）

　この内容は、答申（p.442））に上の図として示されている（図2）。

　図2の中心にある円は、これらがPDCAとして機能することを示している。

　このことからも分かるように、カリキュラム・マネジメントは、単に教科横断的に各教科の単元配列表（別葉）を示し、年間計画の中で各教科の内容を線で結んだ表を作成することではない。

　カリキュラム・マネジメントで求めている教科横断は、各教科等横断的な資質・能力のことであり、それは、各教科の内容の横断ではないことを確認したい。

　単元配列表（別葉）を作成し、各教科の内容を線で結ぶことがカリキュラム・マネジメントであるなら、そこでPDCAを行うことは不可能である。教育課程に基づいた授業を行う中で、PDCAのサイクルを通して、指導と評価との一体化を図りつつ、子供たちの実態に合わせ、授業をよりよくするために行うのがカリキュラム・マネジメントである。

　ただし、「総合的な学習の時間」において、各教科の内容について関連のある内容を線で結ぶための単元配列表は必要となる。繰り返しになるが、それとカリキュラム・マネジメントにおける各教科等横断的な資質・能力とを混同しないようにしたい。

4. カリキュラム・マネジメントにおける 資質・能力

　各教科等横断的な資質・能力を育成していくためには、カリキュラム・マネジメントに教科の内容を単に関連付けるのではなく、それとは別に、汎用的な資質・能力が重要となる。

　下記の図は、2019（平成31）年3月にフィンランドの教育庁を訪問したときに示され

たものである（図3）。

　この図の中心に重なり合っている3つの楕円には、学校教育における各教科目・教育課程の構成とそれに伴う目的・内容・評価基準が示されている。そして、その外にある7つは、学校での授業として直接的に取り上げる内容とは別に、汎用的な資質・能力として取り上げているものである。

　この7つの汎用的な資質・能力は、授業として直接取り上げることは行われない。横断的な視点として、以下の7つの汎用的な資質・能力を示している。その内容は、次のものである。

- ・考えること　未知の課題に取り組む意欲と能力
- ・文化的コンピテンシー　相互作用と自己表現
- ・自己管理と生活管理
- ・多面的・多元的読解力
- ・ICT コンピテンシー
- ・仕事の能力と起業家精神
- ・社会への参与と参画　持続可能な未来の構築

各教科等横断的な資質・能力として教科で育成できる資質・能力であるならば、教科学習として、しっかり行うことが重要であり、それと汎用的な資質・能力とは異なることを確認したい。

　育成すべき資質・能力として、何をカリキュラム・マネジメントに位置付けるかが、重要となる。

Oppiaineet jalaaja-alainen osaaminen 各教科目と汎用的な資質・能力

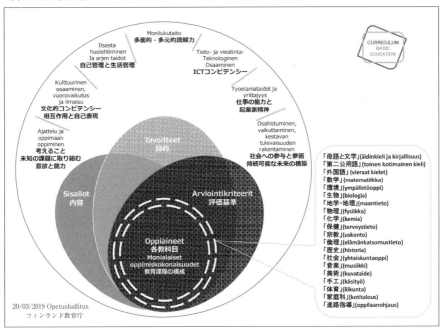

図3　※フィンランド語の日本語への翻訳は北川達夫先生が行った。

第**3**節 カリキュラム・マネジメントの実際の例

1. 小学校編

（1）アクセルとブレーキはあえて同時に踏む
～働き方改革と一体化したカリキュラム・マネジメント

「アクセルとブレーキを同時に踏ませる気か？」

平成29年版と働き方改革が合わせて話題にされるとき、少なからず登場するのがこのフレーズだ。実際に試すまでもなく、これでは、クルマはなかなか前には進まない。進まないどころかマシンに大きなストレスがかかるばかりである。

ただし、これはオートマチック車の話で、マニュアルミッション搭載車の場合は少々事情が異なる。車を滑らかに走らせるためには、アクセルとブレーキを意図的に同時に踏む技も求められる。ヒール＆トウと呼ばれるテクニックだ。つま先でブレーキを踏みつつも、踵でアクセルを踏んでエンジンの回転数と車速を合わせてクラッチをつなぐことで、マシンにもドライバーにもストレスの少ない、滑らかなシフトチェンジが可能になる。

平成29年版に準拠したカリキュラム・マネジメントに当たっては、この「滑らかにつないでいく」感覚を大切にしたい。これまで継続してきた自校の教育活動や学校内外の資源等を価値付けつつ、それらを十分に活用して質的な転換を図りながらグランドデザインを再構築していくイメージである。中央教育審議会教育課程部会「児童生徒の学習評価の在り方について（報告）」（平成31年1月21日、以下「報告（1.21）」とする）や文部科学省初等中等教育局長「小学校、中学校、高等学校及び特別支援学校等における児童生徒の学習評価及び指導要録の改善等について（通知）」（平成31年3月29日、以下「通知（3.29）」とする）では、本来なら学習評価の在り方そのものに言及すればよいはずだが、「勤務負担軽減」や「学校における働き方改革が喫緊の課題」の文言がたびたび登場することからも、これらが文字通り喫緊の課題であることが分かる。

（2）価値付けから再構築への視点　～例えば、教室を回りながら

小学校では学年が6か年に及ぶことと合わせ、教員の安定配置が難しい今日の状況下では、一人の教員が同じ児童集団を継続的に指導していくことは難しい。経験年数等に関わらず、休業のために年度途中で担任が交代したり、意図せぬ学年をランダムに担当したりしなければならなくなったりするケースも想定しなくてはならない。こうした状況を克服しながら、いつ、誰がどの学年を担当しても一定程度の指導の質を維持することが求められている。

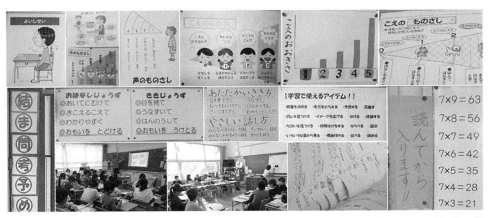

図1　言語活動にかかわる指導等の習慣化を促すもの、反復を要する学習内容に資するもの、対話的な学びを促すもの、学び方のヒントを示すもの、思考の支えとなるもの、指導の内容に合わせた教室のレイアウト……教室やそこで展開される授業からは学級担任がそれぞれのキャリアに応じて工夫を凝らしていることが分かる。

　自校の学習指導に係る実践の数々に、改めて目を向け価値付ける視点をもちながら教室を回ってみよう。日々学習活動が繰り広げられている場である教室のレイアウトや掲示物からは、学級担任がそれぞれに工夫を凝らし、日々の指導を通して学習文化の醸成を試みていることが分かるだろう。教室は自校の教師たちがそれぞれの経験や研究、実践から得られた手応えに基づくアイテムの宝庫であることに改めて気付かされる（図1）。

　これらを価値付けるとともに、"揃える"ことを目的化することなく協働して自校の教育を振り返り俯瞰し再構築していく過程で、カリキュラム・マネジメントの意義を教師集団に意識付けることができる。これは組織マネジメントの視点から見ても有効である。

　個々の教師がそれぞれに磨きをかけてきた財産を拾い集めて価値付け、教員一人一人がその価値を共有しつつ、カリキュラム・マネジメントの視点をもちながら再構築することにより、それぞれが築いてきた学習文化の価値を損なうことなく、自己効力感を維持しながら、それらを学校全体へと位置付けていくことができるからである。

(3) カリキュラム・マネジメントへの参画を通して得られるもの

　平成29年版が描く壮大な世界のイメージを分かりやすく視覚化しようとすると、それが印刷媒体であれデジタル媒体であれ、3Dはたまた4Dの曼荼羅のようになってしまう。できないことはないにしても結果としては、「別葉のオンパレード」のようになりかねない。ややもすると、これまでありがちだった計画表づくりの"目的化"に後戻りしてしまう。

　大切なことは種々のグランドデザインづくりを通して、複雑に入り組み、教科等を横断して刺し通されている串のようなもののありよう全体の概念を、全ての教員がそれぞれに思い描くことができるようにすることである。思い描いたことを常に念頭に置きながら、各教員が目の前の児童の実態や、まわりの状況や環境などに即して、適切に対応すること

が大切である。あらかじめそのようなことを意図しながら、カリキュラム・マネジメントに参画するよう促すと、案外、ことはスムーズに進むかもしれない。

高い目的意識をもって参画した教師たちは、それぞれが異なる学年や教科等の指導場面で、あるいは行事等でそれぞれの役割を果たしながら、その時々に自身が指導していることの意味を自覚できる

図2　目の前の子供たちへの指導にどのような「資質・能力の"串"」が刺さっているのかを教科横断的な視点で常に意識する

ようになる。各自が学校教育の全体像を意識しつつ、目の前の子どもたちを前にしている"この指導"を通して、どんな資質・能力をどのように身に付けさせようとしているのか、ということを全体像と相対化する形で意識しながら指導に当たることができるようになるわけである。

これにより教師として、自身が平成29年版の曼荼羅の一角にいることを意識し続けることができるようになる。それこそがカリキュラム・マネジメントのはじめの一歩になるだろう。

（4）カリキュラム・マネジメントの実際

自校ですでに進められている実践の価値付けを行い、教師一人一人の参画意識を高めつつ、様々な局面における指導が学校の教育活動全体に占める相対的な位置付けを勘案しながら、カリキュラム・マネジメントの実務に当たることになる。

平成29年版解説総則編（p.43～）では、カリキュラム・マネジメントの「手順の一例」を概ね右のように示している。

```
(1) 基本方針の明確化と共通理解
        ▼
(2) 組織と日程の決定
        ▼
(3) 事前の研究や調査
        ▼
(4) 学校教育目標など基本事項の決定
        ▼
(5) 教育課程の編成
```

とりわけ「(3) 事前の研究や調査」及び「(4) 学校教育目標など基本事項の決定」に当たっては、前項までに述べてきたような意識をもった、教師一人一人の参画が望まれる。それぞれの局面における作業の具体については以下のような取組が考えられる。総則編（p.43～）の項目立てから拾ってみよう。

「(3) 事前の研究や調査」

「ア　国の基準や教育委員会の規則などの研究」については、多忙を極める教師の実態を踏まえると、平成29年版の解説はおろか、本文さえも読破できていないケースが想定される。拾い読みを可能にする環境整備からでも理解を促す必要がある。

「イ　児童や学校及び地域の実態把握」については、種々の実態把握、分析ツールを用

いることにより可能になる。自校を取り巻く環境の強み、弱み、人的、物的資源等、教師が日々の指導を通して実感している、生の声を広く集めることができるだろう。6年間に及ぶ縦、横、斜めのつながりについても、改めて着目するよい機会になると思われる。

　「ア」、「イ」、両項目にわたっては、報告（1.21）や通知（3.29）を参照し、その趣旨の理解を十分に促すとともに、反映させる必要がある。

「（4）学校教育目標など基本事項の決定」

　「ア　児童が直面している教育課題の明確化」については、「（3）」での調査、研究結果を踏まえつつ、自校の児童が必要とする指導上の課題を明らかにする。

　「イ　教育課程の編成の基本となる事項を設定」については、全項までの確認事項を踏まえつつ、「グランドデザイン」に相当する学校教育の全体像に掲げる事項を精選し設定する。並行して「ウ　留意点の明確化」を図ることになる。

　この過程で、自校の児童に身に付けさせたい「教科横断的な視点に立った資質・能力」のありようがおおむね明らかになると思われる。次の段階、「（5）教育課程の編成」において、それらを各教科等の指導計画に落とし込んでいく形になる。

　一連の手順を進めるに当たっては次ページの「小学校のグランドデザイン例」を参考にされたい。ここに掲げた項目はそれぞれ学習指導要領上に位置付けられている教育目的や、学校教育における重要課題等を網羅している。作成に当たっては各校の実態や地域の現状に合わせた作成が求められる。

「学校教育目標」と「○○年度重点目標」に向けて

学校教育目標：進んで考え学ぶ子　　友達を思いやりともに生きる子　　元気でたくましい子
今年度重点目標：伝え合うことが好きになる学習指導の実現

豊かな人間性	健康・体力
かけがえのない自分を大切にするとともに、相手の個性や気持ちを大切にしながら、仲間・家族・地域の人たちとともに、主体的に生きていくことができる子ども。	バランスのとれた食生活、よりよい生活のリズムを身につけ、精神的にも身体的にも元気でたくましく、自他のかけがえのないいのちを大切に考えることができるできる子ども。

資質・能力の育成

何ができるようになるか ○学校教育の基本	何が身に付いたか ○学習評価を通じた学習指導の改善
自分の考えをもつ　／　相手にしっかりと伝える　／　相手の考えを素直に受け止める　／　仲間とともに対話を図りながら深まりのある学習を実現する	自らの学習の見通しと振り返りを行い調整を図る力／学習したことを相手意識をもって表現し伝え合う力

子供の実態	子供の発達をどのように支援するか ○配慮を必要とする子供への指導	目指す子供の姿
基本的生活習慣は概ね満足 落ち着いて学習に取り組む 目的に応じた表現力にやや課題 家庭学習にやや課題	児童・保護者理解に基づく個別、集団指導／親和的な学級、学年、全校児童集団、生活環境づくり／特別支援教育の視点を重視した学習環境づくり	進んで考え学ぶ 友達を思いやりともに生きる 元気でたくましい子

何を学ぶか ○教育課程の編成	どのように学ぶか ○教育課程の実施
教科等の見方考え方を働かせて考える 考えたことを相手意識をもちながら伝え合う 他者の考えを聞いてさらに学びを深める	単元ごとの課題に取り組み自分の考えを持つ 学習状況を振り返りながら傾聴し、表現する 相違点、視点の違い等をもとに考えを深める

実施するために何が必要か
○指導体制の充実、家庭・地域との連携・協働

不断の授業改善と研究推進／教科等を超えた指導方法の工夫改善／教科等の本質に係る指導内容の工夫改善／学びに向かい続ける研究文化の醸成と取組の持続／家庭や地域との連携

安心・安全を守る	開かれた学校作り
縦割り班活動等を通し異学年の児童相互のかかわりを通して、学級、学年集団の親和的な風土の醸成といじめの防止に資する。	学校だより、Webサイトを介した情報発信／ゲストティーチャーの招聘／「地域づくり協議会」との連携／地域行事等への参画

2．中学校編

（1）教育活動の充実・改善を生み出すための「カリキュラム・マネジメント」とは

①活力（Vigor）と展望（Vista）で「カリキュラム・マネジメント」の基盤づくり

　教科担任による各教科等の専門性を踏まえた指導や思春期の生徒への支援等様々な特色をもつ中学校においては、教職員が迷ったり困ったりしたときに立ち返るべき視点、子どもを育てる教育の柱や拠り所があると、教育活動に取り組む教職員一人一人の「活力」や自信につながる。

　また、教育活動に関わる全ての営みは、求める「展望」やゴールに向けて常に動いていることで着実性と健全性が生み出されていく。

　学校が抱える今日的課題の改革（働き方改革を含む）が進んでいることの実感や、教職員同士の研修や議論の結果や成果を「見える化」できること、そして、教職員が教育課程等の学校運営について「自己決定」していくことで、未来をひらくことにつながる「活力」→「展望」→「活力」…という持続的な「カリキュラム・マネジメント」の基盤づくりができる。〔図1〕

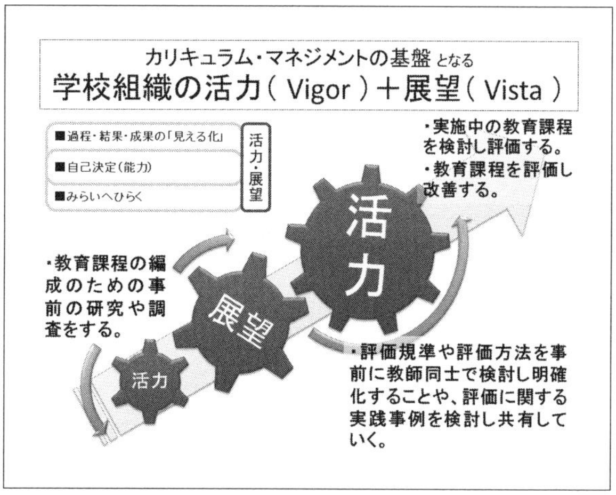

図1　組織の基盤をつくる「活力」と「展望」

②「カリキュラム・マネジメント」の手順を「見える化」して学校状況を把握・分析

　「カリキュラム・マネジメント」に着手するために、まず手順を確認し、それを「見える化」した。それによって、学校のグランドデザインを描いたり、学校教育目標、育成を目指す資質・能力等の明確化につなげたりして、さらに教職員と家

図2　「VIGOSTA」を基に手順を「見える化」した

庭・地域の意識や取組の方向性を共有していくことができると考えたからである。

　私は「VIGOSTA」という枠組みを参考にして、「カリキュラム・マネジメント」の手順（平成29年版解説総則編（p.44.45.46））を「見える化」〔図2〕した。「VIGOSTA」とは、現在、横浜市教育委員であり、大学学長、会社経営者としてもご活躍されている宮内孝久氏の「自分流の行動基準」として創ったもので、Vision（ビジョン）・Goal（ゴール）・Strategy（ストラテジー）・Tactics（タクティクス）の頭文字を合わせた造語であり、それぞれで本校が押さえるべき視点や考え方を検討した。

③「カリキュラム・マネジメント」の中核的な役割となる「学習評価」への Strategy

　「『学習指導』と『学習評価』は学校の教育活動の根幹であり、教育課程に基づいて、組織的かつ計画的に教育活動の質の向上を図る「カリキュラム・マネジメント」の中核的な役割を担っている」（通知（3.29）、p.2）とされている。充実した学習活動や指導とともに、妥当性と信頼性のある円滑な学習評価ができていることが、教員の自信につながり、それが学校全体の「カリキュラム・マネジメント」への活力を生み出していくと考えた。

　今、学校では、教師の勤務の負担軽減を図りながら学習評価の妥当性や信頼性が高められることが求められている。その実現の Strategy のひとつとして、評価規準や評価方法を事前に教師同士で検討し明確化することや評価に関する実践事例を蓄積し共有していくためにどうしたらよいかを検討した。

　その蓄積と共有ツールとして、校内研修や研究等を通じて得られた知識や知見を蓄積して、学校独自で「授業改善・学習評価のために」というタイトルの小冊子〔図3〕を作ることにした。また、一度作ったら終わりではなく、新しく得られた知識や知見を得られる度にバージョンアップし、教職員全体で共有した。図3の小冊子は Ver.3 である。

　教師一人一人が校内・校外研修などの様々な研修の機会を大切にしたり、自主的な研鑽や研究を積み重ねたりしながらその力量を向上させている。また、管理職が教師一人一人の力量が発揮されるよう、この小冊子を活用してマネジメントしている。

　その小冊子には、「授業改善・学習評価Q＆A」と項立てし、校内で検討したことや評価に関する実践事例をQ＆A形式で蓄積し共有した。その一部を紹介する。

　Q1　なぜ、定期テストを年5

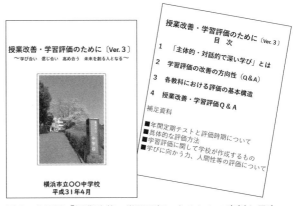

図3　小冊子「授業改善・学習評価のために」の表紙と目次

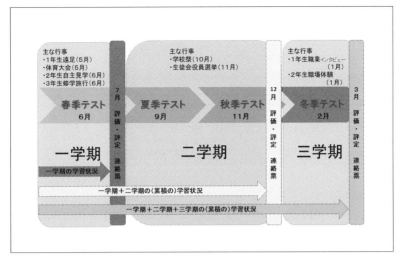

図4　定期テストの年間計画（教育課程説明会等での保護者や地域への説明図）

回から4回に変更したのか？

A1　平成29年版に求められている資質・能力の育成を視点にしたカリキュラム編成、お子さまがじっくりと学習を見通したり振り返ったりする学習活動等への時間を確保して、一層の学力の定着を図るための変更です。具体的には、知識を習得し、理解を深めたり、思考力・判断力・表現力等の育成をめざした多様な学習場面の設定を工夫したりしていきます。

Q2　なぜ、（本校では）音楽科と美術科は定期テストを実施しないのか？

A2　（音楽科の場合）

　　表現活動・鑑賞活動、基礎的な能力の伸長、完成・情操を養うことを目標とする学びのプロセス、それを評価する指標として紙面上の定期試験が最適とはいえない（定期試験を行わなくてよい）と判断している。「知っている」というよりも「身に付いている」「表現している」「様々な要素を感知している」ことを評価しているため、授業での細かなパフォーマンス・テスト（実技チャレンジ、ソルフェージュ）、鑑賞レポート、創作（作曲）によって評価を行うことが、より精度の高い評価につながる。正解がひとつでない分野である。

（美術科の場合）

　　美術科は現在4観点で評価しており、知識・理解の観点はなく、表現活動や鑑賞をしていく上で必要な知識は、通常授業の中で習得しており、それらを活用して創作活動や鑑賞に取り組んでいる。教科の特質上、知識と表現活動を分けて評価することは難しく、紙面で美術的知識を問う試験は、評価資料として最適ではない（必ずしも必要ではない）と考える。評価資料としては、完成した作品のみで行っているわけではなく、完成に至るまでの実技を伴ったプリントやアイディアスケッチ、自分の作品についての感想、鑑賞のワークシートなどの評価も併せて行っている。

④「カリキュラム・マネジメント」から「チーム学校」の実現へ

　上記 Q2 は、学校評価における内部評価の中で教職員から挙がった質問と、音楽科と美術科の教師が回答した内容（A2）を Q & A 形式にしてまとめた。

　このような教職員から挙がる疑問や質問内容を、「授業改善・学習評価のために〔Ver.3〕」に追加していき、教職員同士の研修や研究、議論の結果などの成果を「見える化」している。学校内では、教科部会、学年会、職員会議等の校内組織を活用して、計画的な教育活動の質の向上、学習評価の円滑な実施を図ることにつながるダイナミックな教員間のやり取りがある。

　このような教師間のやり取りや評価に関する実践事例を蓄積し共有していくことを「見える化」するなどの Strategy によって、教師が、自分の授業やその授業準備だけで手一杯とならないようにし、評価に関する力量の向上を図ること、評価に関して自信をもてるようにしたい。そして、学年全体、教科全体、そして学校全体を見渡して、授業を構想できるようにする。つまり、学校全体としての組織的で計画的な取組を行っていけるようにしたい。

　さらに、教職員だけでなく、専門家スタッフ、保護者や地域住民等の学校関係者が、それぞれの立場や役割に応じて、学校が抱える様々な課題に前向きに取り組んでいく学校文化を構築し、教育活動を推進していく。それがまさに「カリキュラム・マネジメント」の推進を柱においた「チーム学校」の姿ではないだろうか。

【学校のグランドデザイン】　　　　　　　　　　　　　　　　　　　　©髙木展郎 2017

「学校教育目標」と「令和元年度重点目標」に向けて

学び合い　信じ合い　高め合う　未来を創る人となる
- 自ら学ぶことの楽しさを知り、自らの可能性を広げていこうとする姿勢を育てます。
- 自分の良さに気づき、相手と心から向き合うことを大切にし、思いやる心を育てます。
- 生涯にわたって豊かで充実した生活を創るための健やかな心と体を育てます。
- よりよい地域社会を創るために自ら考え、行動し続ける態度を育てます。
- 地球規模の課題について理解を深め、新たな価値を創造しようとする態度を育てます。

豊かな人間性
- ○自分を大切にし、しなやかに生きる力
- ○自分を律する態度と人を思いやる優しさ
- ○「本物」に触れることで育む豊かな感性

　様々な人とのつながりを通して様々な経験を重ね、自分の生き方を考える力、主体的に学習する意欲や自分を表現する力、相手を理解し互いに支え合う態度の育成を図ります。

健康・体力
- ○自ら健康を保持増進しようとする態度
- ○体力づくりを通じ、心身ともにたくましく生きる力
- ○生涯にわたって運動やスポーツに親しむ態度

　すべての教育活動を通じて心身の成長に必要な知識を身に付け、自分自身の体や健康について考える機会を作るようにします。生活習慣について見直す機会を委員会活動等で考案したり、実施したりします。

資質・能力の育成

何ができるようになるか
○学校教育の基本
- ○自らの可能性を追求し、主体的に考え行動することができる
- ○お互いの心を大切にしつつ、学び合い、信じ合い、高め合うことができる

何が身に付いたか
○学習評価を通じた学習指導の改善
「コミュニケーション」
- ○共生社会を形成しようとする意識
- ○伝え合うことで集団の考えを発展させる力
- ○社会生活の中での協調性や自分らしさを発揮しようとする姿勢

子供の実態（を捉える）
- ○全国学力・学習状況調査
- ○横浜市学力・学習状況調査　分析チャート
- ○学校評価
- ○小中学校児童生徒体力・運動能力調査（体力アップ2020プラン・体育健康プラン）

子供の発達をどのように支援するか
○配慮を必要とする子供への指導
- 生徒指導専任教諭、特別支援教育コーディネーターやSC等と連携して、生徒の教育的ニーズを把握し、支援を行う。
- 円滑な情報共有と協働で支援を行う。

目指す子供の姿
- ○自らの可能性を追求し、主体的に考え行動することができる
- ○お互いの心を大切にしつつ、学び合い、信じ合い、高め合うことができる

何を学ぶか
○教育課程の編成
- ○資質・能力を育むため、各教科の学習とともに、教科等横断的な視点に立った学習
- ○キャリア教育を中心とした自分づくり教育

どのように学ぶか
○教育課程の実施
- ○生徒一人一人を大切にする指導の継続し、すべての教育活動を通して、生徒が主体的に考え、判断し、表現する力を育むために全教職員が教育環境の工夫・改善をします。
- ○ICTをはじめとするテクノロジーの効果的な活用

実施するために何が必要か
○指導体制の充実、家庭・地域との連携・協働
- ○小中一貫ブロックの推進
- ○教育課程推進のための研修等
- ○地域コーディネーターを中心として地域力による様々な教育の場との連携
- ○生き生きと働く教職員

安心・安全を守る
- ○学校警察連絡協議会
- ○学校・地域連絡協議会
- ○多機関連携
　（教育委員会やSSW、区役所、児童相談所）
- ○安全管理に向けての研修　○防災訓練等

開かれた学校作り
- ○学校HPの充実　○学校運営協議会　○PTA
- ○地域学校協働活動　○町内自治会連合会との連携
- ○地域懇談会　○学校・地域連絡協議会
- ○学校評価の充実
- ○人材育成と働き方改革の推進
- ○持続可能な開発目標（SDGs）との関連

3. 高等学校編

（1）はじめに

　「次世代の学校・地域」創生プランが平成28年文部科学省から発表され、その核である「社会に開かれた教育課程」を実現するためには、校長のリーダーシップの下、教員改革（⇒資質向上）、学校組織運営改革（⇒チーム学校）、地域からの学校改革・地域創生（⇒地域と学校の連携・協働）に取り組むことが求められている。この3つの改革は三位一体として行うべきものとしている。併せて、高大接続改革についても、文部科学省は、「高等学校教育改革」、「大学入学者選抜改革」、「大学教育改革」の三者を連続した一体的な改革として行うこととしている。

　これらの改革は、いずれも、変化の激しいグローバル社会を生き抜く力、すなわち、これからの時代を生き抜く資質・能力を育成するために必須なものである。そして、その実現の鍵は、平成30年3月に公示され、令和4年度入学生から年次進行により全面実施される高等学校学習指導要領を教育現場で実践することにある。今回の改訂では、育成すべき資質・能力を踏まえた教科・科目等の見直しや、学習評価の充実、「主体的・対話的で深い学び」の視点からの学習過程の改善が求められていくこと、また、生徒に必要な資質・能力を育成するため、学校の教育活動の改善と充実を図る「カリキュラム・マネジメント」に取り組むことの重要性も併せて示された。

　そこで、各高等学校は、今回の改訂のポイントの一つである「育成を目指す資質・能力の三つの柱」として示された、生きて働く「知識・技能」の習得、未知の状況にも対応できる「思考力・判断力・表現力等」の育成、学びを人生や社会に生かそうとする「学びに向かう力・人間性等」の涵養について、確実に取り組まなければならない。

　そのためには、学習の過程において「主体的・対話的で深い学び」を実現することが大切である。このような学習は、各学校の指導方法の改善によって実現するものであり、校長のリーダーシップの下、組織的に進められるべきものである。しかし、この学習の意義について十分な理解が為されないまま、生徒の自主性のみに委ねられた形だけの学習に陥った場合、これからの時代を生き抜く資質・能力を育成することは難しくなる。資質・能力の育成を目指したこれからの授業において大切なことは、生徒がアクティブ（能動的）に学ぶことである。生徒がアクティブラーナーになり、主体的な学びを実現することである。その実現は、授業における改善や充実において教員の働きかけがあってのことである。

　このことを踏まえ、平成29年度から3か年かけて実践した「主体的・対話的で深い学び」を実現するための高等学校における「カリキュラム・マネジメント」の具体的方策について提示したい。

（2）高校現場の現状

　筆者の勤務校は、神奈川県立高等学校で最大規模の 30 学級を抱える全日制普通科高校である。進路実績は、大学・短大約 40 ％、専門学校約 40 ％、就職約 10 ％、その他約 10 ％である。教職員数は、管理職、非常勤、事務職員等含め 106 人（令和元年 5 月現在）の大所帯である。

　管理職が着任し、まず行うのが自校の現状と課題の把握である。いくつかある課題の中で、まず早急に取り組まなくてはいけないのが授業改善であると認識した。平成 29 年当時の授業の現状であるが、若手教員から中堅教員、ベテラン教員と「主体的・対話的で深い学び」の視点からの授業改善に取り組んではいたものの、旧態依然の一斉授業、「深い学び」となっていないグループ学習も一部散見されるのが現状であった。そこで、その原因がどこからくるのかを検証すべく、聞き取り調査を行った。「主体的・対話的で深い学び」が一部で進んでいない理由として、次のような意見が出された。「グループ学習を多く取り入れることにより無駄話をする生徒が増えることが不安だ」「グループ学習、学び合い学習を取り入れて、それが学力の育成につながっているのか分からない」「そもそも大学入試が変わっていないから仕方ない」「グループ学習ばかりやっていたら教科書が終わらないし、大学入試に対応する学力が育たない」等々であった。聞き取り調査を受け、早急に教員の意識改革に取り組まなくてはいけないと認識した。

（3）「主体的・対話的で深い学び」を推進するカリキュラム・マネジメントの実践例

①学校目標の設定

　学校目標の設定に「『主体的・対話的で深い学び』をめざした組織的な授業改善」を前面に押し出した。併せて、教科目標、個人目標にも同様の文言を入れることによって、授業改善への教員一人ひとりの意識改革を図った。目標の達成状況については、授業観察や研究授業、教科主任へのヒアリング、個人面談等で把握し、PDCA サイクルに則り、その都度改善を図った。

②組織の改革

　既存の組織では、授業改善がなかなか進まなかったことから、新学習指導要領・高大接続改革を研究する組織として「教育課程検討センター」を立ち上げた。メンバーは若手職員を中心とし、迅速かつ効果的に授業改善を牽引させた。

③情報の提供

　学習指導要領の改訂、高大接続改革に関する情報提供を企画会議・職員会議、研修会等において、管理職や教育課程検討センターからリアルタイムに行った。「なぜ授業改善が必要なのか？」についての意識がなければ、「深い学び」は実現できない。

④授業研究の改革

　授業研究週間の取り組みがマンネリ化しているため、研究授業の改革を行った。具体的には、すでに小中学校や高校の一部では同様の取組をしているが、研究授業の学習指導案を教科で話し合いながら作成することによって、教員集団による「主体的・対話的で深い学び」を実現し、教員個々の授業力を向上させた。

⑤校長文庫の設置と鍵となる教員の育成

　各教科で「主体的・対話的で深い学び」の授業の模範となる教員を育成し、学校全体の授業力を向上させた。校長室に校長所有の授業改善や新学習指導要領に係る本を校長文庫という形で設置し（図1）、教員に貸し出す。借りに来た教員と、授業改善について語ることで、意識を向上させた。このようにして、鍵となる教員の育成を図った。

図1　校長文庫

⑥「総合的な探究の時間」「国語」を幹としたカリキュラムの作成

　「総合的な探究の時間」における「探究活動」や「国語」の時間における「話す・聞く能力」「書く能力」等、汎用的な能力を育成する授業の配置から、他教科の授業の配置を関連させたカリキュラムを作成させる。各教科のそれぞれの単元の中の探究学習、協働学習、発表やレポート作成において、「探究力」の育成、「話す・聞く能力」の育成、「書く能力」の育成は「深い学び」の鍵を握ると考える。授業時間の効率的な使い方だけでなく、汎用的な能力の基礎を学び、各教科の中でスキルアップしていくという効果も期待できる。

⑦全教員の協働によるグランドデザインの作成

　ここ数年変更がなかったグランドデザインを、学習指導要領の改訂を契機に、再構築している。その際、トップダウンではなく、研修会を設定し、教員一人一人に考えさせ、話し合わせる機会を設けた。また、学校全体のグランドデザインだけでなく、「教科」「グループ」のグランドデザインも作成している。グランドデザインを全教員で作成する利点は、目指す方向性を共有できること、教育実践の整理がスムーズになること、職員一人一人の参画意識が向上することにある。

⑧「新学習指導要領・高大接続改革研修会」の開催

　校内の教育課程検討センター主催の研修会を開催し、新学習指導要領・高大接続改革について学校全体で理解する。その際、本校の「主体的・対話的で深い学び」における課題について、グループで討議する。「深い学び」について理解が不十分な教員は、教員集団

による「主体的・対話的で深い学び」を体感したり実践したりすることで意識を向上するようにする（図2）。図3のような「深い学び」までのイメージをもち、カリキュラム・マネジメントを推進した。次の表1は討議での意見を整理したものである。

図2　「学習指導要領改訂・大学入試改革研修会」（60名参加）の様子

図3　「深い学び」までのイメージ図（平成29年度作成）

表1　討議における意見（平成29年度研修会）
　討議1：「主体的・対話的で深い学び」を行うに当たって、先生方が不安に感じていること

①生徒の学力	
基礎学力の定着への不安	・知識が定着していない中、対話することで深い学びに繋がるのか不安である。 ・グループワークの効果はあると思うが、知識・理解に課題のある生徒に対し深い学びが可能であるか不安である。
知識と技能の関連性	・学んでいることが日常や将来に繋がっていくという感覚に課題がある。 ・グループ学習に時間を取られることによって、知識の習得が困難になるのではないかと不安である。
時間の問題	・協働学習に時間を取られ、教科書が終わらない。
②生徒のコミュニケーション能力	
話すこと・聞くこと	・会話を発する以前に聞く能力を身につけさせなければならない。 ・人前で話すことが苦手な生徒への指導に不安が残る。 ・自分の意見をうまく言えない生徒への指導に不安が残る。
自己肯定感	・自分に自信がない生徒に対し、どうグループ討議に参加させるか不安が残る。 ・自己肯定感に課題が残る生徒に対し、主体性を持たせるのが難しい。
教室の環境・話す内容	・グループ学習を多く取り入れることによって、私語が多くなるか不安である。 ・自分の経験や体験をあまり話したがらない生徒もいる。

討議2：本校生徒に「主体的・対話的で深い学び」を実現するために行うこととは？

グループワーク	・グループワークは4人が適切で、全員に何かしらの役割を与えると効果的である。 ・最初に制限時間を提示し、時間を守らせると効果的である。
方法論	・理解を深めるために生徒自身から答えさせる授業を研究する。 ・より分かる授業を研究することで生徒の意欲を高める。 ・スモールステップで「できた」という達成感を持たせる。
教員の説明	・実技の前に背景や目的を話したり短期的な目標に区切ったりする。 ・学習内容が日常と繋がっていることを分かり易く明示する。 ・テーマ設定をよりわかりやすく誰でも答えられるように工夫をする。 ・「問い」を工夫する。 ・教師自身のファシリテーション能力を向上させる。
年間の指導計画	・各単元において、深い学びに適した学習内容を選定する。 ・実際の生徒の学力と目標とする学力を踏まえ、難易度を設定する。 ・発表やグループ学習を、年間を通してどの場面でどの程度行うか計画的に準備する。

　討議で出た意見及び先の聞き取り内容を考察してみると、小学校、中学校に比べて、平成29年当時の本校では、授業改善に対する教員の意識にやや課題があったことが浮き彫りになる。また、「グループ学習を多く取り入れることによって私語が多くなるか不安である」等からは、教員のファシリテーションスキルの向上を始め、教員としての資質・能力の向上が早急に求められていることも分かる。しかし、この研修会によって、本校にとって「深い学び」の授業を継続的に実現していくためには、今何をするべきかを学校全体で共有できたのは大きい。校長のリーダーシップによる授業改善のポイントは、全教員で本校の生徒の現状、学校の状況を共有し、教員一人一人が「今どうすべきなのか」を考える環境を作ることにあると考える。

（4）資質・能力を育成する「主体的・対話的で深い学び」を推進するに当たって

　前述の研修会における討議の中で、「聞く能力を身に付けさせたい」「人前で話すことが苦手な生徒への対応」「協働学習に時間を取られ、教科書が終わらない」という意見に注目したい。生徒の「話す・聞く能力」の育成、及び、グループ学習を効率的、効果的に展開するためのカリキュラム・マネジメントが課題として挙げられる。そこで、重要になってくるのが汎用的な能力を育成する「総合的な探究の時間」と国語科の役割である。

　新学習指導要領において、「探究活動」は全教科においてなされるものであるが、その基盤を築くのが、「総合的な探究の時間」である。「総合的な探究の時間」で「探究」の基礎を学び、各教科でスキルアップを図っていくというものである。

　また、現行の学習指導要領の下で実践されている「言語活動の充実」と同時に、次期学習指導要領での「主体的・対話的で深い学び」においても国語科の役割は大きい。国語科が主体的・対話的で深い学びを展開するカリキュラムの中心的な役割となり、他教科との連携を図るカリキュラム・マネジメントをしていく必要があると考える。

　具体的に言えば、「総合的な探究の時間」及び国語科の年間指導計画をまず提示し、各教科は、「総合的な探究の時間」及び国語科がどの時期にどういう能力を生徒に身に付けさせているかを確認しながら年間指導計画を立てる。さらに発展的に考えれば、「総合的な探究の時間」の担当者及び国語科は、年間指導計画を立てる段階で他教科との連携を密にし、全体が効果的かつ効率的に学習できるように年間指導計画を作ることが必要である。特に、協働学習、グループ学習を効果的、効率的に進めるための「話す・聞く能力」の配置、論文やレポート作成における「探究活動」と「書く能力」の配置は重要だ。

　また、内容においても、すべての教科で常にグループ学習、協働学習を行っていたら、教員も生徒も負担が大きくなり、時間も要する。したがって、年間指導計画の共有と調整を行い、内容的にテーマが重なるものへの対応が必要になる。例えば、「国語総合」における「自己紹介」、「総合的な探究の時間」の「自己を語る」、「社会と情報」の「スライドで自己紹介をしよう」や各教科におけるディベートの方法、テーマ設定等である。情報が共有されていないと多くの教科・科目で同一のテーマや内容で、発表や話し合い学習を導入する事態が生じてしまう。そのために、授業者同士、教科間の連絡や調整が必要となる。その中心の役割を担うのが、「総合的な探究の時間」と国語科なのである。

　カリキュラム・マネジメントの視点から、どのような言語能力及び探究に必要な能力をどの時期に育成することが、他の教科との関連で効果的なのか、「見通し」を持って年間指導計画を作成することが大切であろう。学校全体の学びの「設計図」を国語科と「総合的な探究の時間」の担当者が中心となり立てていくことが、これからの時代に求められる生徒の資質・能力を育成していく鍵となる。

（5）おわりに

　平成29年度から3ヵ年かけて、本校の生徒がこれからの時代を生き抜く力を育成するためのカリキュラム・マネジメントを実践してきた。特に「主体的・対話的で深い学び」を視点とした授業改善を推進するに当たり、その課題を把握し、どう解決していくかを研究し、様々な仕掛けを「チーム学校」として実践してきた。この3年で、学校全体は落ち着き、授業改善も大きく進んだと自負している。具体的には、授業観察における教員個々の授業の質の向上や生徒の様子、職員室内で授業について話し合う教員の姿や研修会の討議の様子等である。この間、神奈川県優秀授業実践教員（第2部門）も2名輩出した。また、学校運営協議会の委員の方々からも同様の評価も頂いている。しかし、その成果をより具体的に検証するには指標と時間が必要となる。そこで、令和元年度末には再度、大学進学状況、生徒指導件数、入試の状況等の数的指標で検証したい。併せて、学校目標やグランドデザインを積極的に地域に発信することで、「開かれた教育課程」を実現し、数的指標で検証できない部分について、地域からの学校評価により学校改善を図りたい。PDCAサイクルによるカリキュラム・マネジメントにより、成果と課題を年度毎に検証し、より一層魅力のある学校を構築していきたい。

【学校のグランドデザイン】

「学校教育目標」に向けて

①生徒の実態やニーズに応じた教育課程の編成・改善に取り組む。
②学習意欲の向上を目指し、組織的な授業改善に取り組む。
③生徒がルール・マナーを守り、安全かつ安心して学べる学校づくりを進める
④基礎的・汎用的能力の育成を通して確かな進路実現へつなげる。
⑤地域との繋がりを強めるとともに、学校行事等を通じて地域から信頼させる学校づくりを進める。

豊かなこころの涵養

○他者を思いやる心を育成する。
○道徳心を身につけ、共感性を育成する。
○コミュニケーション能力を高め、対人関係能力を育成する。

社会性の育成

○幅広い視野を身につけ、協調性を育成する。
○社会や組織の中で自分の役割を認識し責任ある行動ができる人材を育成する。
○社会性を育成し地域に貢献できる人材を育成する。

資質・能力の育成

何ができるようになるか
○学校教育の基本

○主体的に思考し判断し表現することができる
○他者と協働し新たな価値を創造することができる
○自ら問いを見つけ課題を解決することができる
○他者と協働し知識・技能を構築することで最適解を見つけ出すことができる

何が身に付いたか
○学習評価を通じた学習指導の改善

【ルーブリック評価、学びの課程と評価場面の明確化】
○主体的に思考し判断し表現する力
○多様な人々と協働し新たな価値を創造する力
○自ら「問い」を見つけ課題を解決する力
○他者と協働し知識・技能を構築することで最適解を見つけ出す力

生徒の実態

○素直な生徒が多い
○行事に熱心に取り組む生徒が多い。
○学ぶ意欲にやや課題のある生徒が一部いる
○コミュニケーション能力にやや課題がある生徒が一部いる

生徒の発達をどのように支援するか
○配慮を必要とする子供への指導

○生徒理解に基づくきめ細かい生徒指導
○組織的な教育相談体制の構築

目指す生徒の姿

○人を尊重し自分と異なる価値観を持つ人と関係を築ける生徒
○可能性に挑戦し学び続ける生徒
○社会の中で役割と責任を果たす生徒

何を学ぶか
○教育課程の編成

○教科・科目の目標の再構築
○各教科で育む資質・能力の明確化
○「総合的な探究の時間」の充実
○探究学習（教科）の充実
○特別活動の充実

どのように学ぶか
○教育課程の実施

○「主体的・対話的で深い学び」を視点とした授業改善
○ICT を活用した学びの充実
○教科横断型の学びの充実
○「見通す・振り返る」活動の充実

実施するために何が必要か
○指導体制の充実、家庭・地域との連携・協働

＜職員の意識改革と資質の向上＞
○授業研究改革：教科会の充実、学習評価の研究、教科横断型授業の推進
○校内研修会の充実：新学習指導要領、主体的・対話的で深い学び、学習評価、カリマネ、ICT 活用、高大接続
○職員の参画意識の向上、RPDCA サイクル（カリキュラム・マネジメント）の推進
○学校運営協議会を活用した地域との連携

安心・安全を守る

○登下校指導、昼休み立番、授業時間中の校舎内巡回
○学校警察連絡協議会
○防災マニュアル、防災訓練、危機管理マニュアル

開かれた学校作り

○学校運営協議会を活用した学校評価と改善
○地域（町内会、小中学校、大学）との連携、充実
○HP、学校説明会、地域対象行事、マスコミを活用した情報発信

4. 特別支援学校編

(1) はじめに

　平成19年4月から、それまでの盲学校・聾学校・養護学校は法制度上「特別支援学校」になった。ただし、自治体によってはそのままの名称を校名としている学校もある。本校を含む神奈川県立の特別支援学校も、「盲学校」「ろう学校」「養護学校」を固有の名称として使用している。

　特別支援学校の対象となる障害種は次のとおり、5障害種である。

> 視覚障害者、聴覚障害者、知的障害者、肢体不自由者、病弱者（身体虚弱者を含む）

　本校は、病弱者である児童生徒の教育を行う特別支援学校である。

　視覚障害、聴覚障害、肢体不自由、病弱の児童生徒には、小・中・高等学校等（以下「小学校等」という）と同じ教育課程（以下「準ずる教育課程」という）に「自立活動」（後述）を加えた教育を行っている。「準ずる」とは「同じ」という意味であり、各教科等の目標も、それに伴う評価も同様に行われる。

　知的障害のある児童生徒には、「知的障害のある児童生徒の教育を行う特別支援学校における各教科等」による学習を行っている。この「知的障害の各教科等」は、小学校等の各教科等の目標や内容との連続性・関連性を踏まえて設定されている。

　このように、特別支援学校は小学校等と全く違う学びをしているわけではなく、同様あるいは関連のある各教科等を設定して、児童生徒一人一人の豊かな学びの実現に向けた教育課程を編成している。

(2) 3つの教育課程と2つの教育計画

　本校は、横浜市南区にある神奈川県立こども医療センターの中にある。同センターの「こども病院」に入院あるいは「肢体不自由児施設」に入所している児童生徒のための小・中学部、「重症心身障害児施設」に入所している児童生徒のための小・中・高等部がある。また、横浜市港南区にある神奈川県立精神医療センター内に中学部、横浜市青葉区の昭和大学藤が丘病院内に小・中学部がある。全国から治療のために入院・入所してくるので、使用していた教科書も様々であり、私立学校からの転入の場合には、学習進度も異なることがある。

　本校では、主に3つの教育課程を編成している。

> ・準ずる教育課程
> ・知的障害のある児童生徒の教育を行う特別支援学校における各教科等の教育課程
> ・自立活動を主とした教育課程

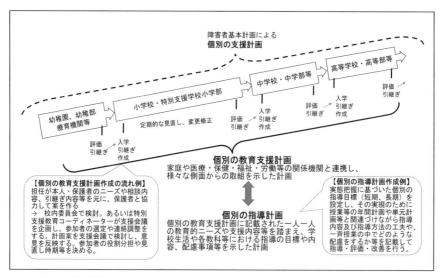

図1 個別の教育支援計画と個別の指導計画

　本校で学ぶためには、本人・保護者の希望だけでなく、治療しながら学ぶことができるかの主治医の判断が必要である。本校はいつでも医療・福祉等と連携しながら、児童生徒を中心にして、その学びを支援し、共に成長を見守っている。

　本校に転入が決まると、本校の教育課程で学ぶことになるので、本校が採択している教科書を取り寄せる。転入してくる前の学校（前籍校）の教科書と重複しないよう、前籍校が発行する「教科書給与証明書」を確認しながら速やかに手続きを行う。年間の転出入が500件を超える本校では、この作業が日常的に行われている。

　中学部では期末試験を実施し、教科等の目標が達成できているか評価を行う。特に、中学部3年生は高校受験があるので、評価においては妥当性と信頼性がより求められる。

　特別支援学校在籍の児童生徒は、必ず「個別の教育支援計画」と「個別の指導計画」を作成する。図1は『初等教育資料』（平成29年8月号）に寄せて、筆者が前職において書いたものを修正している。本校は入院に伴う転出入が多い学校だが、在籍期間が1か月でも作成する。それは、これら計画が児童生徒にとって大事な教育のカルテであり、それに基づいて教育を行うからである。準ずる教育課程における各教科等の学習評価は小学校等と同じだが、それ以外の教育課程や、特別支援学校の教育において特別に設けられた指導領域である「自立活動」の評価は、個々の児童生徒の計画に基づいて行われる。特別支援学校の教育において、この自立活動は重要である。教科書があるわけでも、教える内容が決まっているわけでもない。個々の児童生徒の学習上または生活上の困難の改善・克服のために何をすべきか、的確な実態把握に基づいた計画、実施、評価、改善（PDCA）が行われる。そこに教師の専門性が問われる。病弱教育においては、突然の発病や入院等の生活上の変化、治療の苦痛、将来の不安など、児童生徒の実態に応じて、時間を設けて指導するだけでなく学校教育全体を通して行われる。

　評価については、個別の指導計画に基づいて児童生徒に何が身に付いたかという学習の成果を的確に捉え、個別の指導計画の実施状況の評価と改善を図るとともに、その評価を学校の教育課程の評価と改善につなげていくことが大切である。

　この2つの計画は、退院して前籍校へ戻るときの引き継ぎ資料になる。学びの連続性のための重要な資料である。

　平成29年版や平成30年版においても、「特別な配慮を必要とする児童（生徒）への指導」の中で、この2つの計画について「作成」「活用」に努めるものとしている。特に、小・中学校の特別支援学級に在籍あるいは通級による指導を受ける児童生徒については、この2つの計画を作成し、「効果的に」活用するものとする、と明確に記載されている。

（3）学校経営の実際

　カリキュラム・マネジメントは、全教職員で取り組むものである。その前提で、学習指導要領に基づくカリキュラム・マネジメントの実際について、校長の学校経営として取り組んだいくつかを紹介する。

①教育課程の編成に関する基本事項を共有する

　学校として、教育課程の意義、教育課程の編成の原則など、編成に対する基本的な考え方を全教職員が共通して理解できるよう、毎月行われる職員会議の中で、校長から学習指導要領改訂の要点を解説した。前職で改訂に関わってきたこともあり、改訂の趣旨を共有するために、前文の創設から丁寧に伝えた。全教職員が毎月、学習指導要領について共に学び、キーワードを共有しながら、本校のカリキュラム・マネジメントに参画する意識と考えていくための力を養った。

②授業改善のために組織を変える

　小学校等と同じ目標・内容で学んでいる本校だが、指導する教師は本校が初任校か他障害種の県立特別支援学校からの異動者が多いなど、県立学校ならではの事情がある。

　また、1つの校務グループが年間500件を超える転出入事務と教育課程を担当しており、カリキュラム・マネジメントに力を入れたくても難しい状況にあった。

　そこで、授業改善を最重要課題とし、校務グループの再編を行った。なぜ再編するのか？　何が変わるのか等、（1）の解説に加え、職員会議で校長の学校経営方針として丁寧に説明した。それにより現状と課題を明確にし、学校をあげて取り組むことが共有された。

③授業改善担当教諭を配置する

　新たに設けた「教育企画グループ」には、授業改善と研修機能をもたせ、日々の課題に対して、必要な研修を適時適切に考えられるようにした。グループを取りまとめる総括教

論（主幹教諭）を「授業改善担当教諭」として専任で配置し、校内全ての授業を参観し、指導助言する体制を整えた。併せて、このグループに小・中学部長・重心（重症心身障害児施設）部門長である総括教諭（主幹教諭）を配置し、学部・部門が課題意識をもち、主体的に取り組める体制にした。ちなみに、それまで学部長等が担当していた校務グループ業務（主に転出入、学籍に関する業務）は、次世代リーダーを期待する人材を抜擢し、ミッションと期待を伝えて取り組ませている。

　以上は、本校で取り組んだカリキュラム・マネジメントに係る改善・工夫の一部である。全教職員が校長の学校経営方針を理解し、組織的かつ計画的に教育活動を実施することで、児童生徒のよりよい学びの実現という学校の教育目標の達成につながっている。

（4）病気療養中の児童生徒の学び

　本校の児童生徒は、入院・入所し治療等を受けながら学んでいる。制限の多い入院生活の中で、「学校」や「学ぶこと」は児童生徒にとって「日常」であり、できる、わかる、楽しい等の経験を積み重ね、前籍校に戻ることを励みに取り組んでいる。しかし、体調が優れないことや、治療によって授業ができる時間が限られることもある。そこは指導内容の精選や、教科横断的な学びが求められる。例えば、国語の新出漢字を覚えるために何度も書くのではなく、他教科で使いながら身に付け、その意味も他教科との関連で学ぶ等、教科横断的に内容と時間を精選する方法がとられている。それは学校の教育課程の変更ではなく、個別の指導計画に基づいて行われる指導の工夫となる。また、病棟に持ち込める教材にも制限があるので、教室と病室を Web 会議システムでつないで、朝の会、学級会などの特別活動や、生き物の観察等、各教科等の授業を一緒に行っている。病状により修学旅行や遠足に行くことのできない児童生徒とつないで、旅行先の風景を楽しむこともある。

（5）おわりに

　特別支援学校学習指導要領の改訂における病弱教育の配慮事項として「間接体験や疑似体験、仮想体験等を取り入れるなど」と指導方法の工夫が明記された。制限ある教育環境の中で、教科等の目標を達成するために、どうすればよりよく学ぶことができるか。そこに有効なのが ICT 機器等の利活用である。例えば、退院前に Web 会議システム等で前籍校の教室と病室をつないで、復学への不安等に対応することもできる。また、これからは交流的な視点だけでなく、教科等の学びの充実の視点をもって、ICT 機器等の活用、遠隔教育における学習評価等を検討する必要がある。これらを進めながら、病気療養児の学びがつながり、深まり、充実していくよう、取り組んでいきたい。

【特別支援学校のグランドデザイン】　　　　　　　　　　　　©髙木展郎 2017

「学校教育目標」の実現に向けて

学校教育目標：入院中の児童生徒の学びの充実　ICT 機器等の有効活用　病弱教育のセンター校
　　　　　　　の役割
今年度の重点目標：主体的・対話的で深い学びの視点からの授業改善

豊かな人間性の涵養

自分の力を信じ、希望をもっ
て進む子
自分を大切にし、人を大事に
できる子

基礎学力の定着

すべての学習の基礎となる力
をバランスよく身に付ける子

心身の健康を育む

心身の成長発達について、正
しく理解することのできる子

自立活動
病気や障害による学習上又は生活上の困難を主体的に改善・克服する

資質・能力の育成

何ができるようになるか
○学校教育の基本

・学んだことを生かし新たな課題に向かう
　力
・他者と共によりよく生きるための力
・病気の理解と自己管理能力

何が身に付いたか
○学習評価を通じた学習指導の改善

・全ての基礎になる、生きて働く知識・技
　能
・未知の課題に向かう力
・主体的に取り組む態度、学習習慣の確立

児童生徒の実態
病院に入院または施設に入
所し療養している。入院に
より小・中学校等から転校
し、退院すると前籍校へ復
学する。重症心身障害児は、
ほぼ高等部まで在籍する。

児童生徒の発達をどのように支援するか
○配慮を必要とする児童生徒への指導

アセスメントに基づいた個別の教育支援
計画の作成・活用、学部会等による情報や
指導方針の共有、医療、福祉等との連携、
前籍校等との復学支援会議

目指す児童生徒の姿
・病気や障害を受け止め、
　理解し、回復への意欲を
　もつ子
・気持ちを安定させ、希望
　をもって生活できる子

何を学ぶか
○教育課程の編成

・学年相応の各教科等（準ずる教育課程）
・発達段階に応じた領域・教科等（知的代
　替、自立活動を主とする教育課程）
・コミュニケーション力など対人関係能力
　や、病気とともによりよく生きていくこ
　と（自立活動）

どのように学ぶか
○教育課程の実施

・一斉授業、個別指導
・制限ある入院生活の中で、体験的な学習
　を補完する ICT 機器等の活用による間接
　体験、疑似体験、仮想体験等
・Web 会議システムによる対話的な学び

実施するために何が必要か
○指導体制の充実、家庭・地域との連携・協働

・保護者、教師、病院関係者との協働
・開かれた学校作り（地域社会との連携、理解啓発の
　ための発信（学校 HP、公開講座等））

特別支援学校のセンター的機能

・地域の小学校等に在籍する支援の必
　要な児童生徒がよりよく学び、自分
　らしく生活できるよう支援する（教
　育相談、情報提供、教員への支援、
　復学支援、指導法や教材・教具の紹介、
　遠隔教育の協力等）

45

第 II 章

カリキュラム・マネジメントに
位置付いた学習評価

本章では、資質・能力を育成する学習評価及び学習指導について、
カリキュラム・マネジメントの視点から解説する。

また、第5節では、以下の15例の単元等の学習指導案を紹介する。

〔小学校〕
1　国語科
2　社会科
3　理科
4　音楽科
5　図画工作科
6　体育科
7　家庭科

〔中学校〕
8　国語科
9　社会科
10　数学科
11　理科
12　技術分野
13　英語

〔高等学校〕
14 総合的な探究の時間

〔特別支援教育〕
15 特別支援教育数学科

資質・能力を育成する学習評価、
その課題と改善・充実に向けて

---

1. 学習評価とは

　平成29年版小学校総則において、学習評価の実施に当たって、次の事項に配慮することが記載されている。これは中学校、高等学校、特別支援学校でも同様である。

(1)　児童のよい点や進歩の状況などを積極的に評価し、学習したことの意義や価値を実感できるようにすること。また、各教科等の目標の実現に向けた学習状況を把握する観点から、単元や題材など内容や時間のまとまりを見通しながら評価の場面や方法を工夫して、学習の過程や成果を評価し、指導の改善や学習意欲の向上を図り、資質・能力の育成に生かすようにすること。

(2)　創意工夫の中で学習評価の妥当性や信頼性が高められるよう、組織的かつ計画的な取組を推進するとともに、学年や学校段階を越えて児童の学習の成果が円滑に接続されるように工夫すること。

　つまり、学習評価とは、学習指導要領の目標の実現状況を把握し、指導の改善や学習意欲の向上を図り、資質・能力の育成に生かす営みのことである。ゆえに、学習評価は児童生徒を序列化するものではないし、学習成績（以下、成績）を付けたり進路選択の資料としたりするためだけにあるものでもない。目標や評価規準に照らして、児童生徒の学習の状況を捉え学習の過程と成果を評価し、教員による学習指導や児童生徒の学習活動を改善したり充実したりしていくことで授業の改善を図り、児童生徒の資質・能力を育成しよりよい成長を支えていくことが学習評価において大切なことである。

2. 学習評価を通して資質・能力を育成する

　成績は学習評価の営みの一部を担うものであり、その成績を高校や大学入試などの進路選択の資料として利用しているに過ぎない。ともすると児童生徒や保護者は（あるいは教員も）、成績・いわゆる内申点・テストの点数・パフォーマンス（成果物や表現、実技等）のような欠陥（プロダクト）にとらわれがちである。しかし、それらの結果は、過程（プロセス）での取組や努力があってのことである。だからこそ、学習前の評価、診断的な評価、学習の過程における評価、形成的な評価、指導に生かす評価、そして、指導と評価の一体化を充実させ、児童生徒の資質・能力を育成することが最も大切なことなのである。このようにして育成された児童生徒の状況を記録して総括に用いる評価や総括的な評価として評価し、「観点別学習状況の評価」と「評定」における評定（ABCや54321などに記

号化するという意味）に反映させるのである。

　これらの評価は目標に準拠した評価で行うことは言うまでもない。目標に準拠した評価は、資質・能力の育成に適した評価と言える。ただ、短所もある。目標に準拠した評価は、目標や評価規準に対して実現できているかどうかを評価するものであるので、児童生徒にとっては「できた・できない」や成果の状況にとらわれやすい。また、努力や進歩の状況が反映されていないと感じることもある。それらを補うのが、個人内評価である。学習の過程における指導や支援、面談でのコメント、通知表の所見などを通して、児童生徒へフィードバックし、児童生徒が目標を実現できるようにすることが大切である。個人内評価を適切に行うことは、児童生徒の資質・能力を育成することに寄与する。

3.　資質・能力を育成する学習評価を行うためには

　資質・能力を育成する学習評価を行うためには、どうすればよいのだろうか。まずは、学習評価を正しく理解することである。次の図1は、筆者が学習評価を適切に行うのに必要と考えられるポイントを整理したものである。これらのポイントに関することを正しく理解し、適切に学習評価を進めることができれば、自ずと学習評価を通して資質・能力を育成することになる。

学習評価の改善と充実に向けてのポイント

- 評価（資質・能力の育成を促す営み）と評定（学習成績をつける営み）
- 指導要録や通知表における観点別学習状況の評価、評定、所見
- 目標に準拠した評価と個人内評価
- 評価の観点、評価規準
- 「知識・技能」「思考・判断・表現」
「主体的に学習に取り組む態度」における評価
- パフォーマンス評価、ペーパーテスト
- 指導と評価の一体化
「主に指導に生かす評価」
「指導に生かすとともに記録して総括に用いる評価」
「診断的な評価」「形成的な評価」「総括的な評価」
- 学習活動としての児童生徒による評価
自己評価、メタ認知、相互評価
（粘り強く学習に取り組む、自ら学習を調整しようとする）

図1　学習評価の改善と充実に向けてのポイント

4. 資質・能力を育成する学習評価の課題

　「評価と評定」と言ったとき、何をイメージするであろうか。資質・能力の育成を促す営みとしての評価と成績を付ける営みとしての評定という意味（ABC や 54321 などに記号化するという意味）だろうか。それとも、指導要録における観点別学習状況の評価としての評価と指導要録における評定としての評定であろうか。どちらも同じ評定という言葉が用いられるため、話がかみ合わなかったり誤解をまねいたりすることがある。

　評価を成績と捉えるならば、評価は学習成績をつける営みであり、評定と言うと指導要録の評定しかないのである。このことが、資質・能力を育成する学習評価が適切に行われない原因の1つとして考えられる。このような場合、指導と評価の一体化は形骸化し、評価と言えば記録して総括に用いる評価や総括的な評価のこととなってしまう。診断的な評価、指導に生かす評価と形成的な評価が行われなかったり、これらの評価を評価と捉えていなかったりすることがある。

　このような主に指導に生かす評価のことを、小学校では「見取り」という言葉で表すことがある。そのような営みが指導と評価の一体化の一環であればよいのだが、一部の教員は「見取り」を評価の文脈に位置付けない場合があるようである。「成績に入れない評価なんてあるんだ」とか、「（成果物を指して）これって評価しないんだよね」などは、実際に聞いた言葉である。指導のための評価を評価の文脈に位置付けず、成績を付ける営みのみに評価が位置付けられているという実際の例である。また、成績が進路選択の資料となる中学校と高等学校とでは、成績の説明責任を果たそうと、きめ細かな成績のための評価の情報を取ろうとして、「評定のための評価」や「評価のための評価」に陥ることになる。こうなると、いわゆる評価漬けとなってしまい、何よりも生徒が不幸である。また、教員本人も自ら忙しさに拍車をかけることになり、働き方改革においても問題である。このような場合、主に指導のための評価は存在せず、評価とは評定（成績を付ける営み）のことを指すことになってしまう。「評価を付ける」は、やはり実際に聞いた言葉である。このような表現から、その教員にとって、評価は成績を付ける営みになっているということがうかがえる。

　つまり、小学校と、中学校及び高等学校とでは、事情が違うが、評価が評定（成績を付ける営み）のみを指している場合があり、解決すべき課題として改善や充実を図っていくことが求められる。

5. 学習評価の課題の解決に向けて、説明責任の前に結果責任を果たす

　学習評価において説明責任は大切であるが、それよりも大切なことは結果責任である。すなわち、目の前の児童生徒の資質・能力を育成することである。それを果たした上で説

明責任を果たすのである。学習評価において、本末転倒になっていることはないだろうか。これまで述べてきたとおり、指導と評価の一体化を充実させ、児童生徒の資質・能力を育成することが最も大切なことなのである。そして、育成された児童生徒の状況を記録して総括に用いる評価や総括的な評価として評価し評定（ABC や 54321 などに記号化するという意味）して成績に反映させるのである。

6. 学習評価の課題の解決に向けて、学習評価を正しく理解するとは

　学習評価の課題の解決に向けては、少なくとも図１に示すポイントに示した内容を正しく理解することである。それぞれのポイントに関する解説や実際の例は、本書のⅢ章に掲載している。学習評価を正しく理解することと、学習評価を適切に行うために参考にしてほしい。

　なお、ここで言う「正しく」とは、学習評価に関することにおいて、心理学や教育学など学術上のことより行政上のことが優先される。つまり、文部科学省と、公立学校であれば設置者である都道府県や市区町村から発出されている学習評価や指導要録に関する文書に記載されていることが基本となる。

　また、文部科学省国立教育政策研究所からは、「学習評価の在り方ハンドブック」（2019）や「評価規準の作成、評価方法等の工夫改善のための参考資料」（小学校・中学校は2011、高等学校は 2012・2013）が提供されている。なお、2019 年度においては、平成 29年版と平成 30 年版に準拠した「『指導と評価の一体化』のための学習評価に関する参考資料」を作成中である。2020 年度から小学校から順次、新しい学習指導要領が全面実施となるので、それに即して提供されるであろう。

　ただし、国立教育政策研究所は文部科学省の直轄の機関ではあるが、これらはハンドブックや参考資料であることに留意したい。学習指導要領を基に教育課程を編成するのは各学校である。各学校は、学習指導要領や根拠となる法令等を基にして、国立教育政策研究所や設置者等から発出される資料等を参考に、何よりも学校の実情や児童生徒の実態を踏まえて、教育課程を編成しカリキュラム・マネジメントを推進することが大切である。教育課程の編成・実施・評価・改善において、各学校の批判的思考（クリティカルシンキング）や創意工夫などが求められる。

7. 学習評価の課題の解決に向けて、学習評価の正しい理解の基に学習評価を適切に行う

　次の図２は、教員が「児童生徒の資質・能力を育成するための学習評価」を適切に行えているかを自己評価できるように筆者が開発したシートである。図１の学習評価のポイン

図2　教員が自身の学習評価の状況を自己評価すらためのシート

児童生徒の資質・能力を育成するための学習評価

□ 「学習評価」を正しく理解して、妥当性や信頼性を高める工夫をし、「評価」を適切に行い、
　児童生徒の「資質・能力」の育成に資するようにしている。
□ 「評価（資質・能力の育成を促す営み）」と「評定（学習成績をつける営み）」の区別ができて
　いる。「評定のための評価」になっていない。
□ 信頼性・妥当性を追求し「説明責任」を果たそうとするあまり「評価のための評価」に陥って
　いるようなことはない。
□ 児童生徒の学習状況が「概ね満足」と判断できない際、「結果責任」を自覚している。
□ 「指導要録」と「通知表（通信簿、あゆみ、連絡票など）」について理解している。
□ 「観点別学習状況の評価」「評定」「所見」について理解し、それらを通して、児童生徒の
　「資質・能力」の育成を図るようにしている。
□ 「観点別学習状況の評価」において、適切な「評価規準」を設定し、「目標に準拠した評価」の
　長所と短所を認識し、「評価」を行っている。絶対評価という言葉を使っていない。
□ 「観点別学習状況の評価」において、「主体的に学習に取り組む態度」と「思考・判断・表現」
　の「評価」ができている。
□ 「個人内評価」を理解し、「所見」の表記、授業や面談における「コメント」を適切に行って
　いる。
□ 「指導と評価の一体化」がなされ、指導を改善したり充実したりすることで、児童生徒の
　「資質・能力」の育成が図られている。「診断的な評価」「形成的な評価」「総括的な評価」
　を理解し、評価する時期に応じて、それぞれを適切に行うことで、「評価」と「評定」を行う
　ことができている。
□ 「パフォーマンス評価」「ペーパーテスト」は適切に行われている。
□ 学習活動としての児童生徒による「自己評価」と「相互評価」を通して、粘り強く学習に取り
　組んだり自ら学習を調整したりすることを促し、児童生徒の自己評価力やメタ認知能力の育成
　を図り、「資質・能力」の育成に資するようにしている。

トに関わる内容を正しく理解した上で学習評価を適切に行われることが望まれる。

　まずは学習評価を正しく理解して、妥当性や信頼性を高める工夫を行い、評価を適切に行い、児童生徒の資質・能力の育成に資するようにすることである。それには、評価（資質・能力の育成を促す営み）と評定（学習成績をつける営み）の区別ができていることが大切であり、「評定のための評価」になっていないことである。ただ、信頼性や妥当性を追求し「説明責任」を果たそうとするあまり、「評価のための評価」に陥ることがあるので注意したい。

　児童生徒の資質・能力を育成することが最も大切なことであるので、児童生徒の学習状況がおおむね満足と判断できない場合、児童生徒の自己責任もあるかもしれないが、指導者としての結果責任を考えることが大切である。

　文部科学省や設置者からの通知や文書を把握し、指導要録と通知表（通信簿、あゆみ、連絡票など）について理解し適切に対応することが求められる。通知表は、設置者等からの規定があるならばその範囲で、なければ自由に、校長の責任の下、学校裁量で行われるものである。場合によっては、通知表はなくてもよいものである。例えば、面談を改善したり充実したりして、児童生徒が学期における学習の状況を把握し、その後の学習の改善や充実が図られればよいのである。通知表に関わる教員の労力は大きく、事務処理に関わる事故が起こる可能性もある。通知表を作成するならば、ヒューマンエラーはゼロにはできないという認識の下、働き方改革も踏まえて、事故が起きないようにする工夫が求められる。大切なことは、通知表だけでなく学期末の面談も含めて、児童生徒が学期における学習の状況を把握し、その後の学習の改善や充実に資するようにすることである。その最大の効果が得られる最も有効な簡便で時間と労力を極力かけない方策を、学校をあげて見

いだしたい。学校のカリキュラム・マネジメントにおいて大切なことである。

　指導要録における観点別学習状況の評価、評定、所見について理解し、それらの評価を通して、児童生徒の資質・能力の育成を図ることが最も大切なことである。観点別学習状況の評価においては、評価規準は適切に設定し、目標に準拠した評価の長所と短所を認識し、評価を行うことである。「絶対評価」という表現は、現在、行政では使われていない。絶対評価は、戦前に行われていた認定評価や、個人内評価を含むので、教員としては使わない。常に、「目標に準拠した評価」と言うようにする。

　評価規準とは、学習指導要領から設定した「学習の目標やねらい」を実現した具体的な児童生徒の状況を想定したものとして記述される。文末の表現は、「〜している」、「〜することができている」「〜しようとしている」などとなる。

　ただ、目標に準拠した評価にも限界がある。それを補うのが個人内評価である。授業や面談におけるコメントや通知表などの所見を通して、児童生徒のよい点や可能性、努力したことや頑張ったこと、成長したことや改善したこと、進歩の状況、努力を要する点やその手だてなどを、具体的に示すようにして児童生徒の成長を促すようにしたい。

　観点別学習状況の評価において、「知識・技能」より、「思考・判断・表現」と「主体的に学習に取り組む態度」の評価は難しい。だからこそ、より適切で具体的な評価規準の設定が大切となる。

　指導を改善したり充実したりすることで、児童生徒の資質・能力の育成を図るには、指導と評価の一体化が要となる。学習前の診断的な評価、学習中の形成的な評価、学習後の総括的な評価を理解し、評価する時期に応じて、それぞれを適切に行うことで、評価と評定（ABCや54321などに記号化するという意味）を行うことで、児童生徒の資質・能力を育成する。

　パフォーマンス評価とペーパーテストについて理解して適切に行い、評価の資料を収集するとともに児童生徒の資質・能力の育成に生かしたい。

　学習活動としての児童生徒による自己評価と相互評価を通して、粘り強く学習に取り組んだり自ら学習を調整したりすることを促し、児童生徒の自己評価やメタ認知に関する資質・能力の育成を図ることで、児童生徒の資質・能力の育成に資するようにしたい。

　この図２に示したシートは教員の研修会等で利用し、各項目を４件法（４：大変よい、十分に行っている、３：おおむねよい、おおむね行っている、２：あまりよくない、少しは行っている、１：よくない、行っていない）で回答するようにしている。自身の学習評価に関する状況を把握し、今後の指導と評価の在り方の改善と充実を図る契機としてほしいと願って行っている。また、提出用として回答を転記した無記名のシートを回収し、それぞれの地域や学校における学習評価の実態の把握に生かしている。

第**2**節 各教科等における カリキュラム・マネジメント を進めるために

1. 校種を超えて各教科等の目標と内容を理解する

　各教科等におけるカリキュラム・マネジメントを進めるに当たって、総則と当該の教科等の学習指導要領を、そして、所属している学校の校種（特別支援学校を含む）だけでなく、小学校から高等学校までの学習指導要領を理解することは、単元や題材、授業を構想し実践する上で大切である。単元や題材、授業を構想し実践するに当たり、自校の校種だけでなく小学校から高等学校の学習指導要領における内容のまとまりに関する目標と内容を踏まえ、内容のまとまりにおける重要な概念を捉えることで、的を射た充実した授業を行える。

　教科担任制である中学校と高等学校であれば、当該の教科等の目標と内容の理解は当然としても、主に学級担任制を採用している小学校では中学校と高等学校まで含めてすべての教科等の学習指導要領解説を熟読して理解することは、その量からして困難さを極める。これから学ぶ内容のまとまりの重要な概念を把握するために、詳細は無理にしても概観は把握するようにしたい。それには、どうしたらよいだろうか。例えば理科では、次のようにして概観をつかむことができる。

　平成29年版、平成30年版解説理科編に掲載されている「『エネルギー』，『粒子』，『生命』，『地球』を柱とした内容の構成」から内容の関連や系統を把握することができる。また、「思考力，判断力，表現力等及び学びに向かう力，人間性等に関する学習指導要領の主な記載」が掲載されている。内容とあわせて育成する資質・能力の系統を把握することができる。理科はこのようにして概観を把握することができるが、同じように各教科等の学習指導要領解説の特徴をうまく生かして把握に努めたい。

2. 校種を超えて学習指導要領の理念を理解する

　総則と各教科等における学習指導要領の理念の理解を促すにはどうしたらよいだろうか。その1つの方策として、学習指導要領の理念をA3サイズの用紙にポンチ絵として表すことを提案する。図1は、総則と理科の学習指導要領の理念を「日本の理科教育の在り方」の例として大学院生が作成したポンチ絵である。ここで言うポンチ絵とは、風刺画のことではない。文字以外に枠や矢印などを使い概要を視覚的に分かりやすくまとめた大枠を示した図のことである。教員の多忙化が注目されている今、「忙しくてポンチ絵の作成

なんてできない」と言われそうだが、学習指導要領が改訂され10年程度は通用するものである。また、ポンチ絵の作成は、学習指導要領の理解がなければできない。さらに作成することで理解がより深まる。また、実践を通してポンチ絵をブラッシュアップすることはその教科におけるカリキュラム・マネジメントの一環と言えるのではないだろうか。

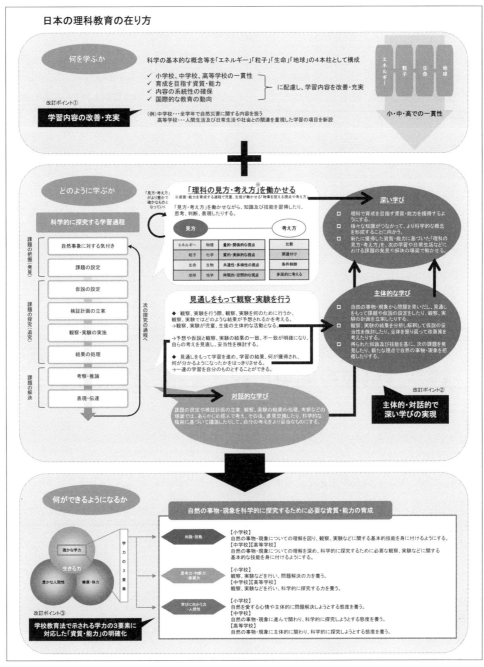

図1　学習指導要領の理念を「日本の理科教育の在り方」としてまとめた例（2018）
　　　横浜市立大学大学院修士課程１年（作成当時）の小林菜月氏が作成

3. 「教科におけるありたい教員像」を可視化して実行し、ブラッシュアップを図っていく

　各教科等におけるカリキュラム・マネジメントを進めるには、総則と各教科等における学習指導要領の理解の下、「教科におけるありたい教員像」を明らかにすることが大切である。これも、学習指導要領が改訂され10年程度は通用するものである。また、教員としてのバックボーンとなるものである。多くの教員は、その教科を指導するに当たり、日々の授業において学習指導や学習評価の在り方や方針をもって臨んでいることであろう。その頭の中にある教科に対する考えを、「教科におけるありたい教員像」として可視化するのである。主に可視化することで、その教科における自身の目指している教員像が明確になる。これもポンチ絵として表すことを提案する。忙しい日々、ポンチ絵の作成は大変なことである。学級担任制を採用している小学校においては各教科のポンチ絵を作成するのは更に大変なことである。できる範囲で始めてブラッシュアップしていきたい。作成して終わりではない。日々の授業において気付いたこと、分かったことなどを反映していくのである。その教科の教員像のポンチ絵をブラッシュアップしていくことは、まさにその教科におけるカリキュラム・マネジメントの一環と言えるのではないだろうか。

　図2は、大学院生が作成した「理科におけるありたい教員像」のポンチ絵である。現在は実際の中学校理科の教員をしているが、今後どのようにブラッシュアップしていくかがポイントとなる。

4. 学年会、教科会など組織として共通の認識を図り、目標の実現に向けて指導に当たる

　各教科等におけるカリキュラム・マネジメントを進めるには、学校のカリキュラム・マネジメントの下、目の前の児童生徒の実態に即して、学年会や教科会など組織として共通の認識の下、学校教育目標や学習指導要領に位置付けられている教科の目標の実現に向けて指導に当たることが大切である。そのためには、その教科を担当する関係の教員でその教科におけるグランドデザインを考え表現することが有効と考えられる。これも作成して終わりではない。日々の授業における情報を反映していくのである。また、児童生徒の実態も年によって違うであろう。教科のグランドデザインをブラッシュアップしていくことは、まさにその教科におけるカリキュラム・マネジメントの一環と言えるのではないだろうか。図3は、中学校理科のグランドデザインの例である。今後どのようにブラッシュアップしていくかがポイントとなる。

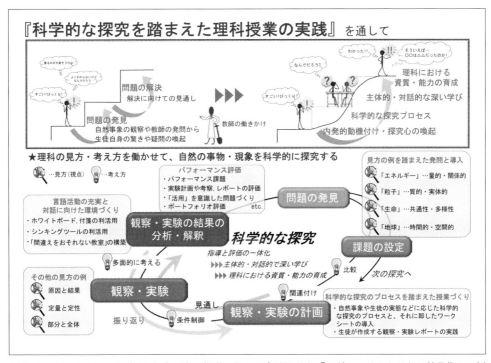

図2　平成29年告示・平成30年告示学習指導要領の理念踏まえた「理科におけるありたい教員像」の例
　　　（2018）
　　　中央大学大学院修士課程2年（作成当時）の市之瀬理沙氏が作成

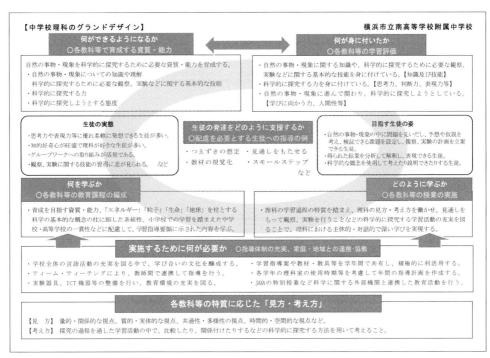

図3　中学校理科のグランドデザインの例（2019）
　　　平成29年版を踏まえて横浜市立南高等学校附属中学校が作成

<small>第</small>3<small>節</small> カリキュラム・マネジメントにおける学習指導と学習評価

1.「カリキュラム・マネジメント」とは

　教職員一人一人が日々の授業等においてPDCAサイクルを意識しながら学習指導と学習評価を行うことで学校教育活動の質の向上が図られる。さらに、「主体的に学習に取り組む態度」として、「粘り強い取組を行う中で、自らの学習状況を把握し、学習の進め方について試行錯誤するなど、自らの学習を調整しようとする側面」を評価することが求められている。したがって、児童生徒一人一人が自分自身の学習についてPDCAサイクルを確立することができるような指導を行う力量が、これからの教職員には求められていると言えよう。

2. 各教科等におけるカリキュラム・マネジメント ～中学校国語科を例として

（1）　カリキュラム・マネジメントの手順

　中学校の平成29年版解説総則編には、カリキュラム・マネジメントの「手順の一例」として、次の内容が示されている。(pp.44-46)

　　（1）　教育課程の編成に対する学校の基本方針を明確にする。
　　（2）　教育課程の編成・実施のための組織と日程を決める。
　　（3）　教育課程の編成のための事前の研究や調査をする。
　　（4）　学校の教育目標など教育課程の編成の基本となる事項を定める。
　　（5）　教育課程を編成する。
　　（6）　教育課程を評価し改善する。

　ここには、PDCAサイクルに基づく手順が示されているが、その内容については示されていない。また、解説総則編にも示されているとおり、「編成した教育課程に基づき実施される日々の教育活動はもとより、教育課程の編成や改善の手順は必ずしも一律であるべきではなく、それぞれの学校が学習指導要領等の関連の規定を踏まえつつ、その実態に即して、創意工夫を重ねながら具体的な手順を考えるべきものである」ことを忘れてはならない。

　このようなカリキュラム・マネジメントを行うためには、学校のグランドデザインの作成、各学年／各教科等のグランドデザインの作成、各教科等の年間指導計画の作成、各教科等における単元／題材等の学習指導案の作成、各教科等の授業の実施・評価・改善と

いった、それぞれの段階でのカリキュラム・マネジメントが必要となる。ここでは、中学校国語科を例として、各教科等のグランドデザインの作成について述べる。

（2）　国語科のグランドデザインの作成

　学校における各教科等の指導においては、教科等ごとにカリキュラムを作成し、それを児童生徒（及び保護者）に開示すること、そして、教員間で共有することにより、学校として児童生徒を育てていくことが可能となる。したがって、教科等ごとのカリキュラムは、学校教育目標や学校経営計画を含む学校のグランドデザインに基づいたものでなければならない。

　また、中学校・高等学校においては教科担任制をとっており、教科担任が各教科の授業を担当しているが、各学年や各クラスの授業を担当する教科担任が授業の内容や方法を決めるのではなく、学校として各教科の三年間の授業内容や方法について組織的・系統的に構成しなければならない。そのためには、学校全体として各教科等のグランドデザインを定めることが必須である。そして、中学校・高等学校においては、各教科等のグランドデザインは学習指導要領に示されている各教科等の「目標」と「内容」に基づいていなければならないことは当然である。

　さらに、各教科等のグランドデザインを作成する際は、学習指導要領の「目標」に加えて「各教科等の特質に応じた『見方・考え方』を踏まえる必要がある。例えば中学校の平成29年版に示された国語科の目標は次のとおりである。

> 　言葉による見方・考え方を働かせ、言語活動を通して、国語で正確に理解し適切に表現する資質・能力を次のとおり育成することを目指す。
> 　（1）　社会生活に必要な国語について、その特質を理解し適切に使うことができるようにする。
> 　（2）　社会生活における人との関わりの中で伝え合う力を高め、思考力や想像力を養う。
> 　（3）　言葉がもつ価値を認識するとともに、言語感覚を豊かにし、我が国の言語文化に関わり、国語を尊重してその能力の向上を図る態度を養う。

　国語科の学習において「言葉による見方・考え方を働かせる」とは、「生徒が学習の中で、対象と言葉、言葉と言葉の関係を、言葉の意味、働き、使い方等に着目して捉えたり問い直したりして、言葉への自覚を高めること」である（中学校国語科解説 p.12）。したがって、国語科のグランドデザインや指導計画を作成するに当たっては、「言葉への自覚を高める」すなわち「言葉による見方・考え方を働かせる」ことを常に念頭に置いて進める必要がある。

　筆者が作成した国語科のグランドデザインの例を61ページに示す。

（3）　国語科の年間指導計画の作成

　国語科のグランドデザインを作成したら、それに基づき各学年の国語科の年間指導計画を作成する。各学年の指導時数に合わせて、どの内容を、どの時期に、何時間で、どのように指導するかを明らかにして単元を構成し年間の計画を立案する。平成29年版では、総則の「第2　教育課程の編成」の3の（3）において、各教科等の指導内容について「単元や題材など内容や時間のまとまりを見通しながら、そのまとめ方や重点の置き方に適切な工夫を加え、（中略）主体的・対話的で深い学びの実現に向けた授業改善を通して資質・能力を育む効果的な指導ができるようにすること」を求めている。したがって、年間指導計画においても、単元として計画を立てることが必要となる。その際、学習指導要領に示された育成する資質・能力を明確にし、〔知識及び技能〕と〔思考力・判断力・表現力等〕の関係や、〔思考力・判断力・表現力等〕に示されている3つの領域（「話すこと・聞くこと」「書くこと」「読むこと」）間の関連を図ることが重要である。

　このような年間指導計画を立案するためには、学校としての組織的・計画的な取組が求められる。具体的には、週ごとに立てている「週案」や、授業研究の際に作成する「学習指導案」等の授業の記録を残し、それを蓄積し積み重ねることで、月ごと、学期ごと、ひいては年間の授業計画としてまとめることが可能になる。PDCAサイクルを踏まえて、まとめたものに検討を加え、ブラッシュアップしていくことで、次年度に向けてよりよい年間指導計画を仕上げていくことができる。

（4）　国語科における単元の学習指導案の作成

　日々の授業においては、単元の全体を通して、「何を学ぶか」という学習内容と、「どのように学ぶか」という学びの過程を計画し実行すること、すなわち「授業デザイン」を描くことが必要である。そこでは、目標に準拠した評価として行われる観点別学習状況の評価が機能するのであり、学習指導案の作成に当たっては、その単元において育成する資質・能力を「評価規準」として設定しなくてはならない。

　これまで、我が国の学校教育における学習指導案は、いわゆる「本時案」と呼ばれる1時間単位のものが多く用いられた。もちろん、1時間1時間の授業、そしてその積み重ねが大切であることは論をまたないが、これまで述べてきた国語科のグランドデザインの作成→各学年の年間指導計画の作成という流れに沿って、「単元として計画を立てる」ことを明らかにするためには、単元全体を通して育成する資質・能力（評価規準）と単元全体の学習のプロセスを一望できる学習指導案が求められる（第Ⅱ章第5節参照）。また、指導と評価の計画を予め児童生徒と共有するという視点から、単元の学習指導案を児童生徒に公開し共有するための「学びのプラン」（第Ⅲ章①3参照）をあわせて作成することも大切である。

【各教科等のグランドデザインの例】　教科名　国語科

何が身に付いたか　○各教科等の学習評価

・社会生活に必要な国語の知識や技能を身に付けることができるとともに、我が国の言語文化に親しんだり理解したりすることができる。
・構成を考えて的確に書いたり話したり、場面に応じて工夫して話したり、話題や方向を捉えて話し合ったりする能力を高め、自分の思いや考えを広げたり深めたりする。
・様々な本や文章を読み、内容や要旨を的確に捉える能力、社会生活における人との関わりの中で伝え合う力を高め、自分の思いや考えを広げたり深めたりする態度。
・言葉がもつ価値を認識するとともに、読書を通して自己を向上させ、言語文化に関わり、思いや考えを伝え合おうとしている。

何ができるようになるか　○各教科等で育成する資質・能力

・目的・場面に応じて工夫して話したり、話題や方向を捉えて話し合ったりする能力。
・構成を考えて的確に書く能力。
・様々な本や文章を読み、内容や要旨を的確に捉える能力。
・言葉の学習を通して自分のものの見方や考え方を広げたり深めたりする態度。

目指す子供たちの姿

・多くの人々の考えに触れ、多様なものの見方・考え方を受け入れ、それらに対する考えを交流し合うとともに自ら考えることを通して、考えをさらに広げたり深めたりする資質・能力を育てたい。
・言語活動や読書活動の充実を図り、登場人物などの背景にある心情等について、自分の考えを深めたり、他者の考えと比べたりすることを通して、より広い視野をもって自分の意見を形成することができるようにしたい。

どのように学ぶか　○各教科等の授業の実施

・多様なものの見方・考え方を工夫し充実させる。
・それらに対する考えを交流し合うとともに自ら考えることを通して、考えをさらに広げたり深めたりする資質・能力について自分の考えを深め、社会などについて自分の考えを広げたり、その理解や表現
・言語活動や読書活動の充実を図り、登場人物などの背景にある心情等について、自分の考えを深めたり、他者の考えと比べたりすることを通して、より広い視野をもって自分の意見を形成することができるようにしたい。

・「話す・聞く」「書く」言語活動を工夫して充実させる。
・文章や資料の内容を的確に読み取り、人間、自然、社会などから学ぶ「体験」、自分の考えを深める活動を充実させる。
・互いの立場や考え方を尊重して発表や交流して発表や交流を重視し発表や交流に取り組む活動を充実させる。

子供たちの発達をどのように支援するか　○配慮を必要とする子供への指導

・「話すこと・聞くこと」の領域の「話し合い」において、双方向のコミュニケーションを通してできるだけ自分の考えを広げるために課題がある生徒への支援。
・「読むこと」の領域において、登場人物の言動の意味を考えたり、それを自分の言葉で表現したりすることに課題がある生徒への支援。

子供たちの実態

・互いの立場や考え方、多様な文化や価値観を理解して尊重するとともに、世界的規模の課題に関心をもち、世界に...している。
・物事を正確に捉え、仮説を立てて探究したりしている。
・自ら考え、教科横断的・総合的な課題探究を協働して進めている。

何を学ぶか　○各教科等の教育課程の編成

・言語活動を通して伝え合う力を育成する。
・読むことの学習を通して自分の考えを深め、思考力や想像力を育成する。
・言語活動により相互に考えを深めたり、協働的に取り組む態度を育成する。

実施するために何が必要か　○指導体制の充実、家庭・地域等の連携・協働

・物事を正確に捉えて考察や討論する「考察」、「討議」、仮説を立てて論理的に実証する「実験」、フィールドワークなど実体験から学ぶ「体験」、自分の考えや意見を正確に相手に伝える「発表」を意図的・計画的に授業に取り入れる。
・専門家の話を聞いたり、実際に見聞したりする「本物に触れる体験」を重視する。

各教科等の特質に応じた「見方・考え方」

・言葉で表される話や文章を、意味を吟味し、使い方などの言葉の様々な側面から総合的に思考・判断し、理解したり表現したりする。
・言葉について、改めて言葉に着目して言葉を吟味する。
・生徒が言葉に対して自覚的になるようにする。

第4節 育成したい資質・能力と目指す児童生徒像を踏まえた指導計画

1. 育成したい資質・能力を明確にした年間指導計画

　目指す児童生徒像は、各学校の学校教育目標に示されている。学校教育目標の実現のために、「学校のグランドデザイン」「各学年のグランドデザイン」「各教科等のグランドデザイン」などを作成し、年間指導計画を作成していくことが考えられる。その作成に当たっては、全教職員で自校の児童生徒像について話し合い共通な認識をもつことが大切である。そのためには児童生徒の実態と学校教育目標から作成した各グランドデザインが役に立つ。それらから、どのような教育活動を行えばよいのかなど、全教職員で共通の理解を図り、年間指導計画を作成する。

　年間指導計画は、各教科・領域等の資質・能力のつながりを考えて作成していく。それぞれの教科、領域内でのつながりだけでなく、教科・領域間といった「縦」と「横」のつながりや各学年間のつながりも考える必要があるであろう。

　小学校において、年間指導計画を作成するに当たり、従来、学年ごとに全教科及び領域等の内容を一覧表にまとめることが行われてきた。そこに記載されている内容は、単元名や教材名、題材名であり、その配列は、ほぼ教科書の教材の配列通りに並べられることが多いという実態が散見される。

　しかし、児童生徒の資質・能力を育成するための教育課程を編成するには、学習指導要領に示された資質・能力を、どの時期に育成するのかが分かる年間指導計画を作成しなくてはならないであろう。そのように考えると、前述のように単元等を並べただけの一覧表では、不十分である。図1のように各教科・領域で単元等ごとに育成する資質・能力を明示した年間指導計画を作

各教科等の年間指導計画

時期 (月) 週 日	単元・題材名	指導 時数	単元・題材で指導する資質・能力 <単元・題材の評価規準> 学習指導要領に示されている「2 内容」 の指導「事項」から、単元の評価規準として適切な指導「事項」を選択して示す。 <学習指導要領からの転記>	評価方法	学習活動
4月 週 日			① 知識・技能 ② 思考・判断・表現 ③ 主体的に学習に取り組む態度		
4月 週 日			① 知識・技能 ② 思考・判断・表現 ③ 主体的に学習に取り組む態度		
4月 週 日			① 知識・技能 ② 思考・判断・表現 ③ 主体的に学習に取り組む態度		

図1　育成する資質・能力を明記した年間指導

成し、単に各教科等の内容でつないでいくのではなく、教科内、他教科・領域等、他学年の育成すべき資質・能力とのつながりを考慮した指導計画を作成していく。

2.　年間指導計画と単元等の学習指導案の活用

　これまで、校内で作成された教育課程は紙に印刷され、ファイルに綴じられて保管されることが多かった。もしくは、データとして保管されている学校もある。しかし、いずれの保管方法においても、作成して終わりになっていることも多く、膨大な時間をかけて作成した教育課程を日々の授業で実践することが十分なされていただろうか。

　近年、校内LANで教職員同士が校務で作成したデータを共有することが可能になってきている。職員室内で使用されるどのパソコンからもアクセスが可能なフォルダを作成し、そこにデータを蓄積することができるようになった。それを活用し、教職員が共有できるフォルダに、作成した年間指導計画や単元等の学習指導案を学年・教科等ごとに分け、保管しておく。そして、図2のような一覧を作成し、それぞれの学年・教科等を示す項目にリンクを挿入すると、図3のように単元等の学習指導案が入ったフォルダにアクセスができ、必要な学習指導案が取り出しやすくなる。

　また、実際に単元等の学習指導案で授業をした後に、修正や加筆が必要になった場合には、「コメント機能」を利用し注釈を加筆しておくことで、年度ごとのカリキュラム・マネジメントも簡単に行うことができる。

　カリキュラム・マネジメントを推進し、教育課程の改善を図る中で、年間指導計画や単元等の学習指導案を利用していくためには、保管方法等をあまり複雑にしないことも重要である。利便性を追求するあまり保管方法等を複雑にし、メンテナンスに時間を費やすようになってしまっては、結局、以前と同じように年間指導計画や単元等の学習指導案を作成しただけで、活用しないまま時を費やしてしまうことになりかねないからである。

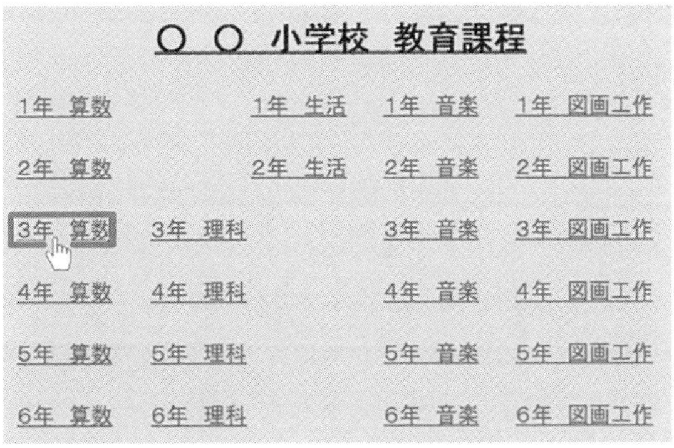

図2　校内イントラネットにおける教育課程一覧のページ（一部）の例

図3　教科等・学年のフォルダの例（3年「算数」のフォルダ〔一部〕）

第5節 単元や題材等の構想における授業づくりと学習指導案の作成

1. 育成したい資質・能力から単元や題材等を構想する

　単元や題材等を構想するに当たって、教材ありきで、その教材等から、学習活動をどうするかをまず考えてしまうことはないであろうか。例えば、小学校の国語科の単元づくりにおいて、「この文学教材なら、読書座談会をやりたい」といった授業者の話を聞くことがある。そのようにして、単元や題材等を構想すると、まず、「読書座談会」という活動をするための学習活動の展開を先に考えることになる。そして、その学習活動がどの資質・能力と関連があるかを考え、毎時間の評価規準を設定するといった手順を踏んで単元を構成していくことになる。このように、学習活動を先に考えてしまうと、児童・生徒に何をさせるかということを優先させた授業展開になってしまう。そして、結果として、授業展開を決めた後、構想した学習活動に沿って、育成したい資質・能力を後付けすることになり、結果として学習活動と資質・能力を強引に結び付けてしまうことになりがちである。そのため、学習活動は児童生徒の興味を引く展開になったとしても、本当にねらいとする資質・能力が身に付くかどうかが曖昧となり、「活動あって学びなし」といった単元や題材等になってしまうことがある。

　そのようにならないために、単元や題材等の構想に当たっては、その単元や題材等でまず、どのような資質・能力を育成するのかを明確にすることが大切である。育成すべき資質・能力は、各教科・領域等で、それぞれの関連を図り、どの時期に育成するのかを、各学校における年間指導計画の中で位置付けておく。そして、育成する資質・能力が決まったら、単元や題材等を構想することになるが、児童生徒の学びの筋道を見通し、これまでに児童生徒が身に付けてきた資質・能力や実態、どのような教材等が適しているかも考慮して、どのような学習活動を展開していけばよいのかを考えていく。その際に、平成29年度版総則に示された「主体的・対話的で深い学びの実現に向けた授業改善」にも配慮した単元や題材等を構想していく。

　このようにして、資質・能力をベースにした単元や題材等の学習指導案を構想しておけば、選定する教材等は、児童生徒の実態に応じ変えることも可能であるし、教科書が変わってもその学習指導案を使うことができる。

2.　単元や題材等の構想と「学習の問題や課題」の設定

　単元や題材等を構想していく上で、その単元や題材等の学習を方向付けることになるのが「学習の問題や課題」である。よって、その単元や題材等において児童生徒が追究して解決することを通して資質・能力の育成につながるような「学習の問題や課題」を設定する。

　また、「学習の問題や課題」の設定に関しては、各教科・領域等で異なる点も見受けられる。単元や題材等全体を通して、一つの「学習の問題や課題」を設定し追究して解決する場合（図1-①）もあれば、単元や題材等を通した一つの「学習の問題や課題」の解決に向け、毎時間に「問い」を設定して追究する場合（図1-②）もある。また、1時間につき1つの「学習の問題や課題」を設定し、追究して解決する展開（図1-③）もある。また、教科・領域等で「学習問題」、「学習課題」、「問い」というように名称も異なる。しかし、いずれも、資質・能力の育成に向かうように設定されるものである。

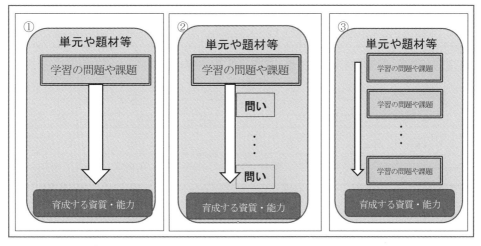

図1　学習問題の設定

　児童生徒が主体的に取り組むための「学習の問題や課題」を設定するということで、「学習の問題や課題」を児童生徒に考えさせるという実践がなされてきたが、評価規準の実現につながらない「学習の問題や課題」が設定されてしまうといった事例が散見される。児童生徒に育成したい資質・能力を把握しているのは教師である。単元や題材等の構想は、教師が意図やねらいをもって生み出すものである。よって、児童生徒の資質・能力を育成する上で鍵となる「学習の問題や課題」を設定するのは、教師の重要な営みであると考えられる。

　「学習の問題や課題」を設定できたら、それを追究して解決していく学習活動の展開において出会う様々な問題場面や探究活動の様相、さらにそれぞれの学習活動を通して児童生徒が学ぶであろう事項について予想する。そして、それを基に単元や題材等の展開を考

え、1単位時間あるいは数時間まとまった授業を組み立てていく。その際には、1単位時間ごとやまとまりごとで単発的に考えるのではなく、それぞれが単元や題材等を通してどのようにつながり、資質・能力の育成に向かっていくかを検討しながら、単元や題材等の構成を考えることが必要となるであろう。

3. 単元や題材等の学習指導案の作成

単元や題材等を通して資質・能力を育成するために、単元や題材等の学習指導案を作成することが大切である。図2はその例である。大きく分けて3つの部分を作成する。どの時間にどのような資質・能力を育成すればよいかが分かるように単元や題材等を見通すことができる形式で作成する。また、3つの部分を作成するに当たっては、図3のように

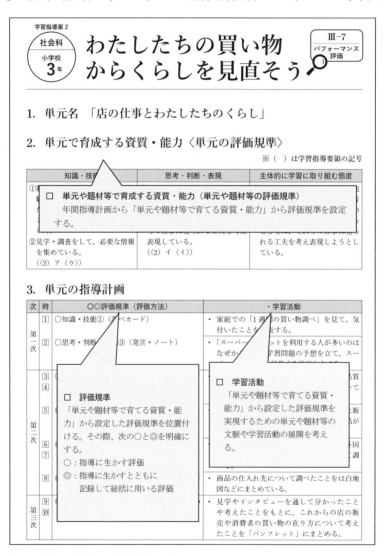

図2　単元や題材等の学習指導案の例

□　単元や題材等で育成する資質・能力（単元や題材等の評価規準）
　　単元や題材等で育成する資質・能力から評価規準を設定する。
　　単元の評価規準の３観点のうちの「知識・技能」、「思考・判断・表現」は、学習指導要領における目標、内容や事項から、各教科における「内容のまとまりごとの評価規準」を設定する。「主体的に学習に取り組む態度」は、「主体的に『知識・技能』を身に付けたり、『思考・判断・表現』をしようとしている」ことに、粘り強い取り組みをしているかどうかと自らの学習を調整しようとしているかどうかという２つの側面からみて、設定する。

□　評価規準
　　単元や題材等の評価規準から、各学習活動において児童生徒が実現している姿を想定し、「内容のまとまりごとの評価規準」として設定していくようにする。
　　「単元や題材等で育成する資質・能力」を育成するために、「内容のまとまりごとの評価規準」を設定する際は、主に指導に生かす評価であるのか、記録して総括に用いる評価であるのかを明らかにするとともに、過重になることがないよう留意する※。

□　学習活動
　　児童生徒が単元や題材等の全体を見通し、教科等の「見方・考え方」を働かせて「主体的・対話的で深い学び」を実現できるような学習活動を展開していく。
　　各時間に学習活動を羅列するのではなく、児童生徒の学習の過程や思考が途切れることがないように展開を工夫することが求められる。

図3　単元や題材等の学習指導案の作成に当たって

留意する。

　『□評価規準』、『□学習活動』は、『□単元や題材等で育成する資質・能力』（単元や題材等の評価規準）を基に設定していく。『□評価規準』は、『□単元や題材等で育成する資質・能力』をバランスよく単元や題材等の指導計画に位置付けていくことになるが、『□学習活動』において、３つの評価の観点「知識・技能」「思考・判断・表現」「主体的に学習に取り組む態度」を実現している児童生徒の姿が『□単元や題材等で育成する資質・能力』と整合しているかを検討する必要がある。

　次の68ページから97ページまで、小学校国語から特別支援教育における単元や題材等の学習指導案の例と、その単元や題材等における学習評価に関する解説を示す。

　※本書では、紙幅の都合上、「内容のまとまりごとの評価規準」として、単元や題材等の評価規準を示している。

世代をこえた読み手と交流しよう

III-7
パフォーマンス評価

1. 「世代をこえて！感じ方のちがいを見つけ出そう ～斎藤隆介ワールド感想交流会～」

2. 単元で育成する資質・能力〈単元の評価規準〉

※（　）は学習指導要領の記号

知識・技能	思考・判断・表現	主体的に学習に取り組む態度
①様子や行動、気持ちや性格を表す語句の量を増し、読み手としてもった感想を表す際に使っている。（(1) オ）	②読むことにおいて、物語を読んで理解したことに基づいて、感想や考えをもっている。（C オ） ③読むことにおいて、物語を読んで感じたことや考えたことを共有し、一人一人の感じ方に違いがあることに気付いている。（C カ）	④進んで多様な読み手との感想を共有し、一人一人の感じ方の違いを見付けることを意識して感想を交流しようとしている。

＊単元の主たる言語活動　　物語を読み、考えたことを伝え合う活動

3. 単元の指導計画　　○指導に生かす評価　◎指導に生かすとともに記録して総括に用いる評価

次	時	○◎評価規準（評価方法）	・学習活動
第0次			・朝読書の時間に、グループに分かれて、図書ボランティアの方による「モチモチの木」の読み聞かせを聞く。
第一次	1		・前単元までに見いだした感じ方の違いを想起するとともに、「友達や大人と読みを交流し、感じ方のちがいを見付け出す」という学習課題を設定する。
第二次	2	○知識・技能①（ノート）	・「モチモチの木」を、豆太の言動や語り手の語りに着目して読み、豆太はどんな子どもだと思うか感想を書いて交流する。
	3	◎思考・判断・表現②（ノート）	・「モチモチの木」を読んで、3人の登場人物について、それぞれどの程度心ひかれるか（心ひかれる度）を5段階で表し理由とともにノートの表に書き込む。
	4 5 6	◎思考・判断・表現③（発言、ノート）	・心ひかれる度と理由についてグループで聞き合い、感じ方の違いを見付ける。
			・「モチモチの木」で好きな場面を選んでフリップにまとめ、グループで理由を聞き合い、感じ方の違いを見付ける。
	7		・保護者アンケートの結果を見て大人の感想に触れ、自分たちとの感想の違いや、次時に図書ボランティアの方に聞きたいことを出し合う。
	8		・図書ボランティアの方の感想を聞き出して交流し、感じ方の違いを見付ける。
第三次	9	◎主体的に学習に取り組む態度④（感想を交流する様子、発言、ノート） ◎知識・技能①（ノート）	・自分が一番好きな斎藤隆介作品を選び、その作品の登場人物に対する心ひかれる度や一番好きな場面について、ノートやフリップにまとめる。
	10		・同じ作品を選んだ友達、違う作品を選んだ友達とそれぞれ感想を交流したり、保護者が好きな作品や理由と比べたりする。
	11		・単元を通して見付けた感じ方の違いや、違いが生まれる要因についての考えを話し合い、単元前後の変化や身に付けた力を振り返る。

本単元における　指導と評価のポイント

❶ 思考力、判断力、表現力等を育成するために活用を促す

「知識・技能」は、教材文の感想をまとめる場面、及び交流を通して気付きを振り返る場面で、様子や心情等を表す語句を増していき、感想を表す際に使っているかを記述から評価する。「知識・技能」を活用して、作品を読み感想を表すことにより、自他の考えの違いが浮き彫りになる。多様な読み手との交流を繰り返し行う中で、見付けた感じ方の違いをノートに記録させ、「思考・判断・表現」の実現状況を評価する。

❷ 単元を通して、主体的に学習に取り組む態度が高まったか評価する

交流に際して一人一人の感じ方の違いを粘り強く見いだそうとしているか、前時までの気付きを生かして次の交流に臨もうとしているかについて、交流の様子とノートの記述から把握し、「主体的に学習に取り組む態度」の実現状況を評価する。

本単元における　学習の過程

既習の内容を領域横断的に発揮して活用することで、本単元でねらう資質・能力の効果的な伸長を図る。

課題の設定と見通しの共有	課題：友達や大人と斎藤隆介作品の感想交流会をして、感じ方のちがいを見つけ出そう。
共通教材で友達や大人と感想を交流	「モチモチの木」を読んで、友達や保護者、図書ボランティアの方と感想を交流し、感じ方の違いを見付ける。
選んだ作品で感想を交流、振り返り	一番好きな斎藤隆介作品について感想を交流し、感じ方の違いや違いが生まれる要因について考えたことを振り返る。

目指す児童像

既習の読む力や話し合う力を活用して、作品を読んで感想をもち、多様な読み手との交流を通して、感じ方の違いに気付ける児童。

学習過程における　指導と評価の一体化

第一次 ❶

・既習の感じ方の違いを想起させ、違いを見付ける観点として共有する。

・共有した観点を基に、読み手の年齢が変わっても感想には違いがあるか予想させ、「世代を越えて感じ方の違いを見付け出す」ことへの期待と必要感を高める。

第二次 ❶

○自分の感じ方に合う言葉を選ばせたり、友達とのずれに着目して交流させたりすることで、違いは言葉にも表れることに気付けるようにする。

◎ずれに着目した交流を通して見付けた感じ方の違いをノートに記述させ、評価する。

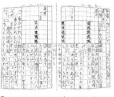

「心ひかれる度」を記入したノート

第三次 ❷

◎交流で見付けた違いを振り返り、次時の自分のめあてを明確にするなど、自己の学習を調整する姿を評価する。

図書ボランティアの方との感想交流の様子

社会科 小学校 3年 わたしたちの買い物からくらしを見直そう

1. 単元名 「店の仕事とわたしたちのくらし」

2. 単元で育成する資質・能力〈単元の評価規準〉

※（　）は学習指導要領の記号

知識・技能	思考・判断・表現	主体的に学習に取り組む態度
①販売の仕事は、消費者の多様な願いを踏まえ売り上げを高めるために、工夫して行われていることを理解している。((2) ア (イ)) ②見学・調査をして、必要な情報を集めている。((2) ア (ウ))	③消費者の願い、販売の仕方、他地域や外国との関わりなどに着目して、販売に携わっている人々の仕事の様子を捉え、それらの仕事に見られる工夫を考え表現している。((2) イ (イ))	④消費者の願い、販売の仕方、他地域や外国との関わりなどに着目して、販売に携わって人々の仕事の様子を理解しようとするとともに、それらの仕事に見られる工夫を考え表現しようとしている。

3. 単元の指導計画 ○指導に生かす評価 ◎指導に生かすとともに記録して総括に用いる評価

次	時	○◎評価規準（評価方法）	・学習活動
第一次	1	○知識・技能①（調べカード）	・家庭での「1週間の買い物調べ」を見て、気付いたことを発表する。
	2	○思考・判断・表現③（発言・ノート）	・「スーパーマーケットを利用する人が多いのはなぜか」という学習問題の予想を立て、スーパーマーケットを見学する計画を立てる。
第二次	3 4	○知識・理解①（見学の様子・ノート・発言）	・スーパーマーケットを見学し、商品の品質管理、売り場の工夫、宣伝の仕方について調べる。
	5	◎知識・理解②（見学の様子・ノート・発言）	・スーパーマーケットを見学して、気付いた販売の仕事の工夫について説明し合い、商品がどこからやってくるのかという問いをもつ。
	6 7	◎思考・判断・表現③（見学中の様子・発言・ノート）	・スーパーマーケットを再度見学して、外国を含めた商品の産地や仕入れ先について調べる。
	8	○知識・技能②（見学中の様子・発言・ノート）	・商品の仕入れ先について調べたことをは白地図などにまとめている。
第三次	9 10	◎主体的に学習に取り組む態度④（見学中の様子・発表・ノート・パンフレット）	・見学やインタビューを通して分かったことや考えたことをもとに、これからの店の販売や消費者の買い物の在り方について考えたことを「パンフレット」にまとめる。

本単元における　指導と評価のポイント

❶ 単元の学習問題を解決するためにまとまりごとの問いを見いだす

「知識・技能」、「思考・判断・表現」の資質・能力の評価は、見学で記録したノートの記述や見学後の授業の発言等はもちろん、見学での児童の様子やつぶやきも併せて行うようにする。児童が見学をし、商品の品質管理、売り場の工夫、宣伝の仕方等からどんなことに気付き、それについて、どのようなことを考えたかを評価し、まとまりごとに問いを見いだすことで単元の学習問題を解決できるようにする。

❷ 単元の最後に「主体的に学習に取り組む態度」を評価する

第三次で作成する「パンフレット作り」では、単元を通して理解した販売の工夫や消費者の願いを基に、これからの販売の在り方や消費者としての買い物の仕方について考え「パンフレット」にまとめていくことになる。よって、「パンフレット作り」の学習活動を通し、単元全体における児童の「主体的に学習に取り組む態度」を評価することができる。

本単元における　学習の過程　　学習の過程における　指導と評価の一体化

社会的事象から学習問題を見いだし、追究の過程でまとまりごとに問いを見いだす学習過程を工夫する。

第一次 ❶
○単元の導入前に行う各家庭での「買い物調べ」から学習問題を見いだす。
・設定した学習問題について、商品の多さや陳列の仕方、売り場の工夫、お店で働いている人の努力を予想させ、スーパーマーケットの見学の計画を立てる。

| 問題の設定 | 学習問題：スーパーマーケットを利用する人が多いのはなぜか。 |

第二次 ❶ ❷
◎一回目の見学で気付いた販売の仕事の工夫について共有し、二回目の見学では商品の産地や仕入れ先に着目していくような問いを見いだす。
◎商品の産地や仕入れ先を調べることを通し、販売の仕事が、他地域や外国とのつながっていることに気付かせる。

| 問題の追究・解決 | スーパーマーケットにおける販売の工夫や商品の仕入れについて調べる。 |

| 問題のまとめ | 販売の仕方の工夫や消費者の願いを踏まえてこれからの買い物の在り方をまとめる。 |

第三次 ❶ ❷
◎前次までに身に付けた資質・能力を活用し、これからの店としての販売の在り方や消費者としての買い物の仕方を考え、パンフレットにまとめていく児童の態度を評価する。

目指す児童像

販売に携わっている人々の立場を意識して、その仕事に見られる工夫を考えることを通し、地域の消費者の一人として社会を見られる児童。

学習指導案3

理科

小学校 **3**年

100g ぴったりゲーム

Ⅲ-7 パフォーマンス評価

---

1. 単元名 「物と重さ」

2. 単元で育成する資質・能力〈単元の評価規準〉

知識・技能	思考・判断・表現	主体的に学習に取り組む態度
①物は、形が変わっても重さは変わらないことを理解している。 ②物は、体積が同じでも重さは違うことがあることを理解している。 ③物の性質について、器具や機器などを正しく扱いながら調べ、それらの過程や得られた結果を分かりやすく記録している。	④物の性質について、差異点や共通点を基に、問題を見いだし、表現するなどして問題を解決している。 ⑤物の性質について、観察、実験などを行い、得られた結果をもとに考察し、表現するなどして問題解決している。	⑥物の性質についての事物・現象に進んで関わり、他者と関わりながら問題解決しようとしている。 ⑦物の性質について学んだことを学習や生活に生かそうとしている。

3. 単元の指導計画　　○指導に生かす評価　◎指導に生かすとともに記録して総括に用いる評価

次	時	○◎評価規準（評価方法）	・学習活動
第一次	1	○主体的に学習に取り組む態度⑥（行動の観察）	・ 身の回りの物を使ってぴったり100gにする活動「100gぴったりゲーム」に取り組む。
	2	○思考・判断・表現④（発言・ノート）	・ 100gぴったりになった写真を持って交流し、友達が100gぴったりにした方法と比較する。「100gぴったりゲーム」を通して、物の形状や大きさ、素材などに着目し、差異点や共通点からみんなで解決したい問題を見いだす。
第二次	3 4	○知識・技能③（行動の観察・ノート・結果のプロット） ○思考・判断・表現⑤（発言・ノート）	・ 「形によって重さは違うのかな」という学習問題を解決する。生活経験や既習内容、「100gぴったりゲーム」での経験などを根拠として予想する。粘土を様々な形に変えて重さの変化について調べ、プロットして傾向を読み取り、考察する。
第三次	5 6	◎知識・技能③（行動の観察・ノート・結果のプロット） ◎思考・判断・表現⑤（発言・ノート）	・ 「同じ大きさでも素材によって重さは違うのかな」という学習問題を解決する。生活経験や既習内容、「100gぴったりゲーム」での経験などを根拠として予想する。砂糖、塩、鉄、アルミニウム、木、プラスチックなどを同じ体積の容器に入れて重さを量り、プロットして傾向を読み取り、考察する。
第四次	7	◎知識・技能①（ノート） ◎知識・技能②（ノート） ◎主体的に学習に取り組む態度⑦（発言・ノート）	・ 「100gぴったりゲーム」の写真を振り返り、100gぴったりにできた理由について説明する。重さについて学習したことをまとめる。

本単元における　指導と評価のポイント

❶ 複数の単元を通して物の性質の深い理解に迫る

「電気の通り道」「磁石の性質」「物と重さ」の学習を通して、質的・実体的な見方を働かせて、「鉄は磁石に付き、金属なので電気を通す。紙やプラスチックなどと比べると硬いが重い」といった概念の構築を目指す。このような視点をもって指導を行うことで、学習中の子どもの発言やノート、行動などから物の性質の深い理解に迫る萌芽を評価することができるようになるので、形成的な評価のフィードバックとして「いい考えだね」と価値付けていくことが大切である。

❷ 必要感のある協働的な学習場面を設定する

他者と関わりながら問題解決を行うことで、自分の考えがより広がったり深まったりするということを実感できるような学習場面を設定する。子どもの考えが広がったり深まったりした瞬間に、「もっといい考えになったね」と価値付ける。

本単元における　学習の過程　　学習の過程における　指導と評価の一体化

物の性質の深い理解に向けた形成的な評価と、協働的な学習場面の設定を行う。

第一次 ❶ ❷
○差異点や共通点から問題を見いだすことができるように、物の形状や大きさ、素材などに着目しやすい教材を用意する。活動中の子どもの考えを見取って価値付けられるように、積極的に声をかける。

| 問題の発見 | 差異点と共通点からみんなで解決したい問題を見いだす。 |

第二次・第三次 ❶ ❷
◎実験に用いる器具を適切に扱えるように指導する。また、協働的な実験によってデータ数を増やすことで結果の精度を高められることや、表やプロットを用いて結果を整理することで傾向を読み取りやすくなることを指導する。物の性質の深い理解に迫る萌芽を評価して価値付け、科学的な概念の構築を図る。

| 協働的な問題解決 | 協働的な問題解決を通して、物の性質の概念を広げたり、深めたりする。 |

第四次 ❶ ❷
◎知識を活用する課題を設定し、学習した内容の定着を図るとともに、他の学習や生活場面への転移を促す。総括的な評価に向けて、パフォーマンス評価のための課題を実施し評価する。

| 振り返り | 問題解決を通して構築した知識を、他の自然事象に活用する。 |

目指す児童像

生活経験や既習内容を想起したり、友達の考えと比較して自分の考えを深めたりするなど、つながりを生かして学ぶ児童。

音楽科
小学校
2年

拍子感を感受して表現し感性を高める

Ⅲ－7
パフォーマンス
評価

1. 題材名　「はくのまとまりやひょうしのちがいをかんじとる」

2. 題材で育成する資質・能力〈題材の評価規準〉

知識・技能	思考・判断・表現	主体的に学習に取り組む態度
①音楽を形づくっている要素及びそれらに関わっている記号や用語について、音楽における働きと関わらせて理解している。 ②創意工夫を生かした音楽表現にするために必要な技能を身に付け、歌っている。	③音楽を形づくっている要素を聴き取り、それらの働きが生み出すよさや面白さを感じ取りながら、聴き取ったことと感じ取ったこととの関わりについて考えている。	④音や音楽に親しむことができるよう、音楽活動を楽しみながら具体的・協働的に表現及び鑑賞の学習活動に取り組もうとしている。

3. 題材の指導計画　　○指導に生かす評価　◎指導に生かすとともに記録して総括に用いる評価

次	時	○○評価規準（評価方法）	・学習活動
第一次	1	○知識・技能①（表現の観察）	・ 学習の見通しをもつために、愛唱歌や既習曲を中心に2拍子、3拍子の歌を声を合わせて歌うことを通して、児童の「同じ3拍子なのに違う感じの歌もある」といった拍子感への気付きを捉え、「拍子が同じなのに曲の感じが違うのはなぜ」という学習問題を考えるための学習計画を話し合って決める。
第二次	2 3	○知識・技能②（歌声の聴き取り） ○知識・技能①（指揮の模倣の観察）	・ 歌う、身体表現をするなど拍子の違いを比べて楽曲の面白さを味わう。 ・ 一人一人が感受する拍子感を評価するために、なるべく多くの2、3拍子の教材曲を表現・鑑賞する。 《歌って見つける》　　　《鑑賞して見つける》 ♪「橋の上で」2拍子　　♪「トルコ行進曲」 ♪「かっこう」3拍子　　♪「メヌエット」 ♪「たぬきのたいこ」3拍子 ♪「いるかはざんぶらこ」3拍子
第三次	4 5	◎思考・判断・表現③（発言・表現の分析）	・「たぬきのたいこ」の手拍子を工夫して伝え合う。 C1　○・・｜　⇒　｜○（・・）｜ T　「手拍子を途中から変えたのはなぜ？」 C1　「初めは元気に踊ってる。3段目からお昼寝しているみたいだから」 C2　「だから強さも mp にしたんだね。」
第四次	6	○主体的に学習に取り組む態度④（表現の分析）	・ 友達と伝え合って気付いたことはその場で試す、取り入れるなどして、思いが伝わる豊かな表現を工夫する。

本単元における　指導と評価のポイント

❶ 一人一人のよさを生かす評価

ポイントは2つある。1つは拍子感の感受を児童一人一人のよさとして認めることである。2つ目は、「拍子感の存在」を指導するとともに「表現するための約束」を指導することである。「約束」とは、互いに感受と工夫を伝え合い共有するために不可欠である。

❷ 豊かな表現を支える感性を育てる評価

楽曲のもつよさやおもしろさは、拍子感まで感受するからこそ得られるものである。この拍子感への気付きを教師が価値付け、指導に生かすことで、表現する力を高めることが感性をはぐくむことにつながる。拍子感への気付きを見逃さず評価し、感受へとつなげ、資質・能力としての感性を育成する指導に結び付けることがポイントである。

本題材における　学習の過程 ／ 学習の過程における　指導と評価の一体化

音楽科における感性を育成するために拍子感を核に題材を構成し、感受表現を高める学習の充実を図る。

気付き ❶
○2. 3拍子の表現での体の揺れの変化や歌い方の違いから拍子や拍子感への気付きを評価する。

気付き
「拍子が同じなのに曲の感じが違うのはなぜ？」

感受 ❶ ❷
○拍子感に気付かせるために伴奏を工夫し、歩いたり指揮の模倣をしたりして拍子感を実感させるようにする。
○3拍子｜○・・｜から拍子感｜○（・・）｜や｜○・○｜の感受へと変化する子どもの身体表現を評価し、表現の変化の理由を発表させ、感じ方の違いは一人一人のよさであることに気付かせる。

感受
いろいろな2拍子・3拍子の曲を歌い、鑑賞して、拍子感の違いを見付ける。

表現 ❷
◎「メヌエットみたいに踊っている」という歌詞と曲想とを関連付けるつぶやきを評価し、感じ取ったことを伝えるために「何を」「どのように工夫するか」を考えさせる。

表現
感じ取った拍子感と曲想を関連させて表現する。

豊かな表現 ❶ ❷
○友達との交流を通して見つけた表現の工夫への気付きを評価し、自分の表現を豊かにすることができるようにする。

豊かな表現
友達と表現を見合い、自分の表現を再考する。

目指す児童像
感性を育むための重要な資質・能力である拍子感の感受・表現を通して、感性を高めている児童。

表したいことを
見付けて立体に表そう

Ⅲ-2
単元等を通した
学習評価

1. 単元名 「材料や用具に触れながら表したいことを見付けて
立体に表そう」

2. 単元で育成する資質・能力〈単元の評価規準〉

※（ ）は学習指導要領の記号

知識・技能	思考・判断・表現	主体的に学習に取り組む態度
①自分の感覚や行為を通して、形や色などの造形的な特徴を理解している。 （〔共通事項〕（1）ア） ②電動糸のこぎりを使って曲線のある板材をつくり、接着や着色を工夫して、創造的に立体に表している。 （A表現（2）イ）	③形や色などの造形的な特徴を基に、自分のイメージをもっている。 （〔共通事項〕（1）イ） ④木片の形や色が組み合わさって生まれる美しさなどの感じについて考えながら、主題の表し方や計画を考えている。 （A表現（1）イ） ⑤自分や友人のつくりつつある作品やつくった作品から造形的なよさや美しさを感じ取り、自分の見方や感じ方を深めている。 （B鑑賞（1）ア）	⑥電動の糸のこぎりで枝を切る楽しさを味わい、枝を思いのままに切り分けることに主体的に取り組もうとしている。 ⑦つくりだす喜びを味わい主体的に表現したり鑑賞したりする学習活動に取り組もうとしている。

3. 単元の指導計画　○指導に生かす評価　◎指導に生かすとともに記録して総括に用いる評価

次	時	○◎評価規準（評価方法）	・学習活動
第一次	1 2	○知識・技能②（行動の観察） ○主体的に学習に取り組む態度⑥（行動の観察・学習カード）	・電動糸のこぎりの正しい扱い方を知り、安全に気を付けて板を切る。 ・電動糸のこぎりを正しく使い、自由な曲線で1枚の板をいくつかに切り分ける。
第二次	3	◎思考・判断・表現③④（発言・学習カード）	・切り出した板の形を組み合わせながら表したいことを見付け、学習カードを使って立体に表す計画を立てる。
第三次	4 5 6 7 8	○主体的に学習に取り組む態度⑥（行動の観察・学習カード） ○知識・技能②（行動の観察・学習カード） ◎思考・判断・表現③⑤（学習カード） ○知識・技能①（発言・学習カード） ○主体的に学習に取り組む態度⑦（行動の観察・学習カード）	・切り出した板の形を組み合わせながら、発想や構想して立体に表す。 ・バランスや奥行きを考えながら丈夫な接着の仕方を工夫したり、色の組合せを考えて着色したりする。 ・自分や友人のつくった作品からよさや美しさを味わう。 ・試行錯誤しながらつくり続けることを楽しむ。

本単元における　指導と評価のポイント

❶ 用具や材料に触れながら、表し方を工夫している姿を評価する

用具を正しく安全に使うことができているかを評価し指導に生かす。曲線切りができる楽しさや心地よさを味わっている様子を観察して「技能に関する資質・能力」を評価する。

❷ 形や色の造形的な特徴を基に、発想・構想している姿を評価する

指導者は〔共通事項〕(1) アイを意識した指導を工夫する。例えば、切り出した板を組み合わせながら、表したいことを見付けるよう児童に声をかけたり、奥行き、バランス、色の鮮やかさなど、児童が自分のイメージを広げられるような手がかりを提供したりする。児童が自分なりの主題を表そうとする姿を観察して「発想や構想に関する資質・能力」を評価する。

また、単元を通して、自分の考えや活動を問い直しながら主題の表し方や計画を考え、粘り強くつくり続けている姿を観察して「主体的に学習に取り組む態度」を評価する。

本単元における　学習の過程　　学習の過程における　指導と評価の一体化

材料や用具に触れながら発想・構想することを促し、本単元でねらう資質・能力の効果的な伸長を図る。

材料・用具との出合い	電動糸のこぎりと出あう。正しい使い方を知り、板を自由な曲線で切ることを楽しむ。

第一次 ❶
○電動糸のこぎりで板を切るところを教師が演示し、用具の取扱いや安全面について指導するとともに、板を曲線切りできるという魅力から、活動への意欲を喚起する。
○板を自由な曲線で切ることの楽しさや心地よさを十分楽しめるようにする。切り出した板の形を眺めたり、板材の切り口を紙やすりで磨いて曲線の手触りを確かめたりする姿を評価する。

形の組合せを手がかりとした発想・構想のはじまり	切り出した板の形を組み合わせながら、表したいことを見付け、計画を立て、学習の見通しをもつ。

第二次 ❷
○板材を手に持って、組み合わせながら発想したり、学習カードを活用して表したいことを見付けたりする。対話や学習カードの記述を基に評価する。

形や色の組合せを試しながら発想・構想し続ける	形や色の組み合わせを試しながら、バランスや奥行き、変化や調和を考えて、接着したり、着色したりする。つくりだす喜びを味わいながら、つくり続ける。

第三次 ❶ ❷
○バランスや奥行き、変化や調和などを考えたり、丈夫な接着の仕方を工夫したりしながら、立体に表す。対話やつくりつつある作品を基に評価する。
○単元を通して、つくりだす喜びを味わい、試行錯誤しながら作り続ける姿を評価する。

目指す児童像

形や色、材料の特徴、構成の美しさを考えながら、見出した表したいことを工夫して立体に表すことができる児童。

激しく○○する！

1. 単元名 「思いを動きに表そう（表現運動）」

2. 単元で育成する資質・能力〈単元の評価規準〉

知識・技能	思考・判断・表現	主体的に学習に取り組む態度
①楽しさや喜びを味わい、その行い方を理解している。いろいろな題材からそれらの主な特徴を捉え、表したい感じをひと流れの動きで即興的に踊ったり、簡単なひとまとまりの動きにして踊ったりすることができる。	②自己やグループの課題の解決に向けて、表したい内容や踊りの特徴を捉えた練習や発表・交流の仕方を工夫するとともに、自己や仲間の考えたことを他者に伝えるようにしている。	③思いや考えを表現する運動を積極的に取り組もうとしたり、互いのよさを認め合い助け合って踊ったりしようとしている。仲間とぶつからないよう、場の安全に気を配っている。

3. 単元の指導計画　○指導に生かす評価　◎指導に生かすとともに記録して総括に用いる評価

次	時	○◎評価規準（評価方法）	・学習活動
第一次	1	○知識・技能①（観察）	・「激しく○○する」のいろいろな題材から思いついたものをペアで即興的に踊るために、ミラーゲームやイメージ課題などのほぐしを行い、ペアで相談したり動きを見合ったりしながら踊る。
第二次	2 3	○知識・技能①（観察） ◎思考・判断・表現②（観察・学習カード）	・「激しく○○する」のいろいろな題材から思いついたものの表したい感じの特徴を捉え、グループで群の動きを取り入れて踊るために、イメージ課題などのほぐしを行い、グループで相談したり動きを見合ったりしながら踊る。
第三次	4 5	○知識・技能①（観察） ◎主体的に学習に取り組む態度③（観察・学習カード）	・「激しく○○する」のいろいろな題材から思いついたものの表したい感じを中心に「はじめ─なか─おわり」のひとまとまりの動きで踊るために、イメージ課題などのほぐしを行い、グループで相談したり動きを見合ったりしながら踊る。

本単元における　指導と評価のポイント

❶ 知識・技能、思考力・判断力・表現力について

イメージをペアやグループで表すために、題材の特徴を捉え、動きを誇張したり変化を付けたりしてメリハリ（緩急・強弱）のあるひと流れの動きにしているか、集まる―離れる、合わせて動く―自由に動くなどの簡単な群の動きを取り入れて表現しているかなどを観察する。また、自己やグループの課題を見付けたり、ペアやグループ、クラス全体で見合ったり一緒に踊って見合いながら交流をしたりするなどの仕方を選んでいるかを確認する。

❷ 主体的に学習に取り組む態度について

学び合いの際の発言や学習カードの記述などから、認め合うことや、課題を解決するための思考がどのように変容していくかなどと併せ、安全に気を付けて積極的に運動に取り組もうとしている態度を評価していく。

本単元における　学習の過程

学習の過程における　指導と評価の一体化

資質・能力を育成するために課題解決的な学習及びその解決を図る主体的・協働的な学習活動を設定する。

課題の設定
イメージを動きに表すにはどうすればよいか。

課題の追究
どのように資料を活用し、仲間と学び合いをするか。

振り返り
課題解決で工夫したことや難しかったこと、仲間のよいところや自分ができるようになったことは何か。

第一次 ❶
○「激しく○○する」から自分がイメージしたものを友達と気持ちを合わせて即興的に表現できるように、ねらいに合ったほぐしをしたり、学習資料を掲示したりする。

第二次 ❷
○グループで表したい感じが強まるように、群の動きを取り入れて表現できるようにねらいに合ったほぐしをしたり、学び合いの活動を多く取り入れたりする。

第三次 ❶ ❷
○グループで「はじめ―なか―おわり」を付けた簡単なひとまとまりの動きにして表現できるように、学習資料を掲示したり学び合いの活動を多く取り入れたりする。

目指す児童像

資料やICT機器の活用や仲間との対話等での学び合いを通して、試行錯誤しながら課題解決をして、その成果を表現につなげている児童。

家庭の仕事は
わたしにまかせて！

1. 題材名　「整理・整とんの達人になろう」

2. 題材で育成する資質・能力〈題材の評価規準〉

知識・技能	思考・判断・表現	主体的に学習に取り組む態度
①家庭には、家庭生活を支える仕事があり、互いに協力し分担する必要があること、住まいの整理・整頓の仕方について理解している。 ②住まいの整理・整頓に係る技能を身に付けている。	③家庭の仕事の計画や住まいの整理・整頓の仕方について問題を見いだして課題を設定し、様々な解決方法を考え、実践を評価・改善し、考えたことを表現するなどしている。	④家族の一員として、生活をよりよくしようと、家庭の仕事や住まいの整理・整頓の仕方について、課題の解決に向けて主体的に取り組んだり、振り返ったりして生活を工夫し、実践しようとしている。

3. 題材の指導計画　　○指導に生かす評価　◎指導に生かすとともに記録して総括に用いる評価

次	時	○○評価規準（評価方法）	・学習活動
第一次	①②	○知識・技能①（学習カード・確認テスト） ○思考・判断・表現③（学習カード）	・観察してきた家庭の仕事を発表し、家族、衣食住、消費、環境等に分類する。 ・「家庭の仕事として、もっと整理・整頓をしてほしい」という思いをもっている保護者のインタビューVTRを視聴する。 ・家庭の仕事や住まいの整理・整頓について気になっていることやできるようになりたいことを出し合い、課題を設定する。
第二次	③④	◎知識・技能①②（行動観察・確認テスト） ○思考・判断・表現③（学習カード）	・「散らかっている部屋」「整理・整頓された部屋」の写真を比較し、整理・整頓するよさ（健康・快適・安全）を確かめる。 ・校内で整理・整頓が必要な場所を挙げる。実際に整理・整頓することで家庭での実践に生かせる場所を絞り、グループで実践活動の計画を話し合う。
第二次	⑤⑥⑦	◎思考・判断・表現③（学習カード） ◎主体的に学習に取り組む態度④（発言、行動観察、学習カード）	・教室内の個人スペース(道具箱やロッカー)、教室内の共有スペース（本棚や掃除用具入れ）、特別教室等を整理・整頓する。 ・実践を通して学んだ家庭での整理・整頓に生かせる手順や方法、こつをまとめる。
		家庭での実践（ためしの家庭実践）1週間程度、家庭の仕事として整理・整頓に取り組む。	
	⑧	○思考・判断・表現③（学習カード） ◎主体的に学習に取り組む態度④（発言、行動観察、学習カード）	・家庭の仕事として整理・整頓を実践してよかったことや家族の反応を紹介する。 ・整理・整頓以外の仕事に目を向け、夏休みに継続して取り組みたい仕事を加えた家庭実践の計画を立てる。
		夏休み　家庭実践 長期間、継続的に整理・整頓を中心とした家庭の仕事に取り組む。	

本題材における　指導と評価のポイント

❶ 題材構成を工夫し、題材を通して追究する課題が生まれるようにする

児童にとって必要感のある課題を設定できるよう、本題材では「家庭の仕事」と「整理・整頓」の2つの内容を組み合わせて題材を構成する。また、長期休業前に本題材を実施することで、学校での学びを家庭で実践し、その成果や課題を振り返ることができるようにする。

❷ 実感ある学びを通して、深い理解や実践的な態度の育成につなげる

実践的・体験的な活動を通して得られた整理・整頓の方法、手順、こつなどを他者と共有したり、全体でまとめたりする時間を大切にする。その際、根拠や理由を尋ね、整理・整頓の原理・原則を捉えられるようにするとともに、「見方・考え方」を働かせながら、いつでも、どのような場所においても進んで整理・整頓しようとする実践的な態度の育成につなげる。

本題材における　学習の過程 ／ 学習の過程における　指導と評価の一体化

問題解決的な学習過程に沿って適切な評価場面を設定し、形成的な評価を通して指導に生かす。

問題の発見　課題の設定
保護者のインタビューをまとめたVTRを見たり、家庭の様子を見つめたりすることを通して自分の課題を設定する。

試行錯誤しながら課題解決
身に付けた整理・整頓を家庭の仕事として継続して取り組むためにはどのような計画を立てるとよいか検討する。

課題解決の振り返りと家庭での継続
他者との交流を通して、成果等を振り返り、家庭での継続的な実践につなげる。

目指す児童像

第一次 ❶
○自分の家庭を見つめる期間を十分に設け、様々な家庭の仕事を行っていくためには家族の協力が欠かせないことを捉えられるようにする。
○VTRの視聴後、今の自分が整理・整頓にあまり関わろうとしていないのはなぜか、行っていたとしても家庭の仕事として継続できていないのはなぜか、理由や課題の背景について振り返りを促し、自分の課題がもてるようにする。

第二次 ❶❷
◎自分の身の回りや校内で整理・整頓した箇所については写真を撮り、児童の実感や達成感を引き出せるようにする。できるようになった自分を数値で自己評価することで、自分の成長や変容を捉えられるようにする。また、粘り強く課題解決に取り組む一連の活動を可視化できるようにする。

図1　学習カード（一部）の例

実践的・体験的な活動を通して、課題の解決を図りながら、実生活で活用できる整理・整頓の仕方を身に付け、家庭の仕事として継続して実践しようとする児童。

国語科 中学校 2年

古人と語らい、自分自身と対話しよう

いにしえびと

1. 単元名 「登場人物の心情をとらえて、「扇の的」について考えよう」

2. 単元で育成する資質・能力〈単元の評価規準〉

※（ ）は学習指導要領の記号

知識・技能	思考・判断・表現	主体的に学習に取り組む態度
①現代語訳や語注などを手がかりに「平家物語」を読むことを通して、古典に表れたものの見方や考え方を知っている。（(3) イ）	②登場人物の言動の意味について考え、「扇の的」の内容を解釈している。（C イ）	③現代語訳や語注などを手がかりに「平家物語」を読むことを通して、古典に表れたものの見方や考え方を知ろうとしたり、登場人物の言動の意味について考え、「扇の的」の内容を解釈したりしようとしている。

※単元の主たる言語活動　古典を読み、考えたことを伝え合う活動

3. 単元の指導計画　〇指導に生かす評価　◎指導に生かすとともに記録して総括に用いる評価

次	時	〇〇評価規準（評価方法）	・学習活動
第一次	①	〇知識・技能①（行動の観察）	・既習の古典文学の特徴や、登場人物の人物像の読み取り方を確認する。 ・登場人物の言動の意味を捉えて「扇の的」について考えるという身に付けたい力を知る。 ・社会科で学んだ源氏と平家の関係性などの時代背景を確認する。 ・冒頭部分を音読し、リズムに親しむ。
		課題：①与一が男を射た時の源氏と平家の心情 　　　②平家物語に表れたものの見方や考え方	
第二次	②③	◎思考・判断・表現②（ノートの記述・発言の確認・分析）	・全体やペアで「扇の的」を音読することを通して、内容を確認する。 ・場面の展開に応じて、与一・源氏・平家などの登場人物の心情を捉える。 ・与一が男を射た時の源氏・平家の心情について、根拠を明確にしながら意見交換をし、意見の妥当性を確認する。 ・意見交換をする中で、多様な見方・考え方があることに気が付く。
第三次	④⑤	◎知識・技能①（「学びのプラン」の記述の分析） ◎主体的に学習に取り組む態度③（「学びのプラン」の記述の分析）	・登場人物の言動の意味について考えたことを生かし、与一が男を射た場面を書いた作者の意図を考える。 ・考えたことをグループで発表する。 ・学習を振り返り、記述する。 ・与一が男を射たときの平家・源氏の心情と根拠 ・与一が男を射た場面を書いた作者の意図 ・平家物語に表れたものの見方や考え方

本単元における　指導と評価のポイント

❶ 自己評価・相互評価を通した単元における資質・能力の育成

自己評価は、第一次、第二次の課題を通した学習活動として行う。その後、対話的な学びとして相互評価を行い、資質・能力の育成とする。

❷ 観察と振り返りの記述に基く主体的に学習に取り組む態度の評価

授業の冒頭で、目標に向けて言葉に着目したり、文章と頭の中を反芻（はんすう）したりして、考えを検討しているか観察する。その中で必要な助言をし、資質・能力を育成するために何が必要かを気付かせるとともに、今後の学習に生かす。また、振り返りの記述を分析し、根拠の明確さや、登場人物の言動と物語全体を結び付けようとしているか、単元全体を通して評価していくことで主体的に学習に取り組む態度を育成する。

本単元における　学習の過程　　学習の過程における　指導と評価の一体化

単元を通して自己評価と相互評価による学習活動を充実させ、単元における資質・能力を育成する。

| 学習の見通し | 単元における資質・能力を確認し、自分の現状をメタ認知して学習の見通しをもつ。 |

| 読みの追究 | 文章を根拠に自分の考えを検討した上で、意見交換をすること通して、自らの学習に生かす。 |

| 現代とのつながり | 相互評価を通して気が付いたことを基に再度自分の考えを整理して記述する。 |

目指す生徒像

第一次
○現代語訳や語注を手掛かりに読めているか確認をする。第二次以降に、歴史的仮名遣いの読み方の確認をする。また、第一次は学習課題に取り組むための準備であるため、指導に生かすために歴史的仮名遣いの読み方など診断的な評価を行う。

第二次 ❶ ❷
◎登場人物の言動の意味を捉えるため、文章を根拠に解釈できているかを評価する。与一のどのような気持ちが分かるかについて聞き、気付きを促す。
○意見交換の状況によっては、多面的・多角的な読みができるように助言をして解釈に生かす。

第三次 ❶ ❷
◎古典を身近に感じ、親しんでいるかを評価する。生徒の記述を確認し、「心のうちに祈念する」のはどのような時かなどについて考えさせ、生徒の気付きを促す。
◎振り返りの記述から、言動の意味を考えることを通して物語を解釈しようとしているかを評価する。

登場人物の心情や現代とのつながりを考えることを通して、古人と語り合うとともに、自分自身と対話することのできる生徒。

説得力のある論告・弁論を作成しよう

社会科
中学校
3年

Ⅲ-7
パフォーマンス
評価

1. 単元名　「法に基づく公正な裁判の保障」

2. 単元で育成する資質・能力〈単元の評価規準〉

知識・技能	思考・判断・表現	主体的に学習に取り組む態度
①法に基づく公正な裁判によって国民の権利が守られ、社会の秩序が維持されていることについて理解している。 ②収集した資料の中から司法権や裁判の仕組みについての学習に役立つ様々な情報を効果的に調べまとめている。	③司法権や裁判に関わる課題を見いだし、対立と合意、効率と公正、経験則や論拠などに着目して、多面的・多角的に考察、構想し、表現している。	④法に基づく公正な裁判の保障について、模擬裁判事例から論告・弁論を作成する学習活動を通して、現代社会に見られる課題の解決を視野に、主体的に社会に関わろうとしている。

3. 単元の指導計画　　〇指導に生かす評価　◎指導に生かすとともに記録して総括に用いる評価

次	時	〇◎評価規準（評価方法）	・学習活動
第一次	1	〇知識・技能①②（ワークシート・発言）	・ 民主的な裁判の基本原則を学ぶとともに、トゥールミンモデルにおける議論（対話）の技法を、経験則や論拠の立て方などに着目して演習する。今後の見通しについて確認する。
	2	〇知識・技能①②（ワークシート）	・ 事前に配付された模擬裁判の事例から、3つの視点（①犯行の経緯や動機②犯行時の行動や様子③犯行後の行動や様子）に整理してワークシートにまとめる。
第二次	3 4 5 6	〇思考・判断・表現③（行動の観察・発言） 〇主体的に学習に取り組む態度④（ワークシート・発表）	・ 模擬裁判の事例について、弁護側・検察側に分かれて、グループ内で論点を整理する。自分たちのグループに不利な事実に対する反証を考える。 ・ グループで議論した内容（結果）を、来校した弁護士に伝える。弁護士から評価された内容についてグループ内で吟味し、議論を重ねる。 ・ 発表に向けて、より説得力のある文脈となるように考察して、論告・弁論を作成する。どの順番で説明すべきか相手への意識をもってまとめる。
	7	〇思考・判断・表現③（発表内容の確認）	・ 各グループでまとめた論告・弁論を発表する。
	8	◎思考・判断・表現③（ワークシートの分析） ◎主体的に学習に取り組む態度④（ワークシートの分析）	・ 学習を振り返り、身に付いたことや、議論の過程で考えが深まったり広がったりしたことについてまとめる。また、自分の生活や今後の学習活動で生かせる場面を考える。

本単元における　指導と評価のポイント

❶ 必然性のある課題を設定して、主体的に学習に取り組む態度を引き出す

社会科の学習が実社会とつなぎ、社会参画の意識を高める学習となるために、思わず考えたくなるような必然のある課題を設定し、その課題の解決に向けて主体的に追究したり、建設的な対話を繰り返したりできるように、指導と評価を行っていく。

❷ 課題解決に向けたプロセスに着目して、資質・能力の向上を図る

第一次では、法に基づく公正な裁判の保障に関する知識・技能の習得を促す指導と評価の一体化を図る。第二次ではこれまでに習得した知識・技能を活用して、模擬裁判事例を読み解き、検察側と弁護側に分かれて論告・弁論を作成するプロセスを通して、資質・能力を引き出すように指導と評価を行っていく。見通す・振り返る学習を繰り返す中で、課題解決に向けたプロセスを大切にすることに着目して、指導と評価の一体化を図る。

本単元における　学習の過程

学習の過程における　指導と評価の一体化

社会科における資質・能力を育成するために、単元を通して課題解決的な学習の充実を図る。

課題の設定	弁護側と検察側に分かれて、論告・弁論を作成するために必要な知識・技能を習得する。
課題の追究	社会的な見方・考え方を働かせて、課題に対して多面的・多角的に考察し、追究する。
課題の解決	弁護側・検察側の立場でまとめた論告・弁論の内容を発表する。

第一次 ❶

○模擬裁判の事例を読み解き、法やルールに基づいて課題を解決していくために、経験則や論拠の立て方など、論告・弁論の作成に関わる知識・技能がしっかりと身に付くように指導する。
また、発言やワークシートの記録から、生徒の状況を評価し、指導に生かす。

第二次 ❶ ❷

○教師とティームティーチングをしている本物の弁護士が評価し、指導に生かす。
◎模擬裁判の事例から、論告（検察官が行う意見陳述）や弁論（弁護人が行う意見陳述）を作成する学習活動を通して、試行錯誤して結論に至った学習活動の過程を評価し、その後の指導に生かす。
◎振り返りの場面では、個人の考えがどのように変容したのかを記述させる。また、グループの仲間との建設的な対話をすることによって、思考が広がったり認識が深まったりしたことを評価し、対話の重要性を指導する。

目指す生徒像

これからの社会の主権者として、主体的に社会に関わろうとする生徒。

数学科
中学校 2年

相手投手を攻略しよう

Ⅲ-7
パフォーマンス評価

1. 単元名 「四分位範囲と箱ひげ図」

2. 単元で育成する資質・能力〈単元の評価規準〉

知識・技能	思考・判断・表現	主体的に学習に取り組む態度
①四分位範囲や箱ひげ図の必要性と意味を理解している。 ②コンピュータなどの情報手段を用いるなどしてデータを整理し箱ひげ図で表すことができる。	③四分位範囲や箱ひげ図を用いてデータの分布の傾向を比較して読み取り、批判的に考察し判断することができる。	④四分位範囲や箱ひげ図の必要性と意味を考えようとしている。 ⑤データの分布について学んだことを生活や学習に生かそうとしている。 ⑥活用した問題解決の過程を振り返って評価・改善しようとしたり、多様な考えを認め、よりよく問題解決しようとしたりしている。

3. 単元の指導計画　○指導に生かす評価　◎指導に生かすとともに記録して総括に用いる評価

次	時	○○評価規準（評価方法）	・学習活動
第一次	①	○主体的に学習に取り組む態度④（行動の観察） ○知識・技能①（行動の観察・ノート）	・留学する高校生に助言するため、メルボルンの6年間の日最高気温のデータを月ごとに比較し、夏に40℃以上の日がどの程度あるか、月ごとに分析する。
	②	○知識・技能①（小テスト）	・箱ひげ図の理解を深めるために、既存のデータ（13個）から四分位数を求めたり箱ひげ図をかいたりする。
第二次	③④⑤	○主体的に取り組む態度⑤（行動の観察） ◎知識・技能②（スライド） ◎思考・判断・表現③（行動の観察・スライド） ○主体的に学習に取り組む態度⑥（スライド）	・相手投手の投球を攻略するために、投球データを収集・選択・分類し、箱ひげ図などを用いて批判的に考察し、打撃コーチとして監督に練習方法を提案するための PowerPoint のスライドを作成する。 ①他者の提案「全投球の球速の平均値に合わせて打撃練習をすればよい」の妥当性を批判的に考察する。その結果から、「球種別に球速データを箱ひげ図で比較しよう」など、新たな問題を設定する。 ②設定した問題をフリーソフト statbox 等で作成した箱ひげ図を用いて解決したり、新たな問題を自ら設定して解決したりするなど批判的に考察し、相対度数を確率とみなして未来を予測し、意思決定する。
第三次	⑥	◎主体的に学習に取り組む態度⑥（振り返りカード） ◎知識・技能①（小テスト） ◎思考・判断・表現③（小テスト）	・単元で学習した方法知や学習で工夫したこと、単元で気付いたことや新たな問いを振り返りカードに整理する。 ・四分位範囲・箱ひげ図についての練習問題に取り組んだ後、テストに取り組む。

本単元における　指導と評価のポイント

❶ 知識・技能、思考力・判断力・表現力について

統計的探究プロセスを通して、新内容である四分位範囲・箱ひげ図について、それが何なのか、未来を生きる生徒になぜ必要なのか、いつどう使えるのか（方法知）を、評価を生かして指導する。その上で、習得した知識・技能を活用して批判的に考察し表現できているかと、知識等が活用できる程度に理解できているかを評価し記録に残す。

❷ 主体的に学習に取り組む態度について

四分位範囲・箱ひげ図は、生徒が生活で目にする機会がまだ少ないため、意図的に社会での活用事例を示したり、実際に身近な問題の解決に活用する機会を設けたりして、主体的に学習に取り組めるように指導する。その上で、よりよい問題解決に向けて、過程を振り返って批判的に考察し表現しようとしているかを評価し記録に残す。

本単元における　学習の過程　／　学習の過程における　指導と評価の一体化

単元を通して、四分位範囲・箱ひげ図を活用して問題解決する機会を設ける。

必要性と意味、技能の習得

多くの量的データの傾向を比較するにはどうすればよいか。

第一次 ❶
○第1時で、具体的な問題の解決を通して四分位範囲・箱ひげ図の必要性と意味を理解させる。方法知（多くの集団の比較に便利）や読み取り方（箱の中に約半数のデータが集まっている等）を指導する。
○第2時で、箱ひげ図を実際にかくことで理解を深める。評価を生かして指導する。

活用した問題解決

野球コーチとして、相手投手の投球データを基に監督に打撃練習を提案したい。どうすればよいか。

第二次 ❶ ❷
○全投球の球速の平均値に基づいた他者の提案に対して批判的に検討させる。
○次に自由に仮説を立てさせ、相手投手の投球の傾向を捉えてスライドを作成させる。机間を回って、各自の状況を見取り、褒めたり助言したりして生徒の更なる探究を促す。批判的に考察し表現する姿を評価し記録する。

一連の学習の振り返り

前時までの問題解決で苦労したことや工夫したことは何か。
単元の学習で自分のわかり具合はどうだろうか。

第三次 ❶ ❷
○第二次の一連の問題解決を振り返って、自らの学習を調整している姿や見いだした方法知に関する記述から評価し記録する。
○知識・技能のテストを行い、その結果を評価し記録する。心配な生徒は再び指導する。

目指す生徒像

問題の解決のために、目的に応じてICTを活用し、四分位範囲・箱ひげ図を含めた既習の統計的な知識・技能を活用して批判的に考察し表現している生徒。

<table>
<tr><td>理科</td></tr>
<tr><td>中学校
1年</td></tr>
</table>

なぞの気体の正体を探ろう

III－7
パフォーマンス評価

1. 単元名 「気体の発生と性質」

2. 単元で育成する資質・能力〈単元の評価規準〉

知識・技能	思考・判断・表現	主体的に学習に取り組む態度
①身の回りの気体に関する事物・現象についての基本的な概念や原理・法則などを理解している。 ②科学的に探究するために必要な観察、実験などに関する基本操作や記録などの基本的な技能を身に付けている。	③身の回りの気体に関する事物・現象から問題を見いだし、見通しをもって観察、実験などを行い、得られた結果を分析して解釈し、表現するなど、科学的に探究している。	④身の回りの気体に関する事物・現象に進んで関わり、見通しをもったり振り返ったりするなど、科学的に探究しようとしている。

3. 単元の指導計画　　○指導に生かす評価　◎指導に生かすとともに記録して総括に用いる評価

次	時	○○評価規準（評価方法）	・学習活動
第一次	1 2 3	○知識・技能②（行動の観察・ノート）	・ 酸素、二酸化炭素、水素、アンモニアを発生させて、それぞれの気体の性質を調べる実験を行う。
	4	○知識・技能①（ノート）	・ 実験結果をもとに、気体の種類による特性や、特性に応じた捕集法などを、ノートに整理してまとめる。
第二次	5 6	◎思考・判断・表現③（ノート） ○主体的に学習に取り組む態度④（行動の観察）	・ 塩化アンモニウムと亜硝酸ナトリウムを反応させて、なぞの気体（窒素）を発生させる。なぞの気体に問題を見いだして課題を設定し、前時までに学習したことを活用して、気体の正体を明らかにするための実験の計画を立案し、計画に基づいて実験を行う。 ・ 実験の例として、火の付いたロウソクを入れる、石灰水を入れて振る、水に溶かす、ＢＴＢ溶液の色の変化をみる、シャボン玉を作り空気との重さを比較する、などが考えられる。
第三次	7 8	◎思考・判断・表現③（ノート・発表） ◎主体的に学習に取り組む態度④（ノート）	・ 実験結果をノートに整理してまとめ、教科書や資料集に記載されている様々な気体に関するデータを参照しながら、なぞの気体の正体を考察する。 ・ その後、発表と振り返りの活動を行い、自らの考えと他者の考えを比較しながら、探究の過程や導いた結論が妥当なものであったかを検討し、単元を通して学んだことをノートに記述する。

本単元における　指導と評価のポイント

❶ 科学的な探究の過程を通して資質・能力の向上を図る

第一次では、気体に関する知識・技能の習得を促す指導と評価の一体化を図る。第二次、第三次では、これまでに習得した知識・技能を活用して、見いだした問題から課題「なぞの気体の正体」を設定し、科学的に探究し解決する一連の過程を通して、理科における資質・能力を引き出すように指導と評価を行っていく。課題を解決できたかどうかだけではなく、解決の過程において根拠に基づいて考え表現する（パフォーマンス）ことの大切さを生徒が実感できるよう指導と評価の一体化を図る。

❷ 見通しをもたせ主体的に学習に取り組む態度を引き出す

科学的に探究する学習活動において、実験の計画を立案する活動や探究の過程を振り返る活動を行い、生徒が見通しをもって主体的に探究したり、自らの成長や科学することの面白さを実感したりできるように指導と評価を行っていく。

本単元における　学習の過程　　学習の過程における　指導と評価の一体化

理科における資質・能力を育成するために、単元を通して科学的に探究する学習活動の充実を図る。

知識・技能の習得
科学的に探究するために必要な基本的な知識・技能を習得する。

**課題の設定
課題の追究**
習得した知識・技能を活用して、なぞの気体の正体を科学的に探究する。

課題の解決
なぞの気体の正体を考察し、発表する。また、探究の過程を振り返る。

第一次 ❶
○気体の発生や捕集などの実験を通して、探究に関わる知識・技能を習得させる。行動の観察やノートの記録から生徒の状況を評価し、基本的な知識・技能がしっかり身に付くよう丁寧に指導する。

第二次 ❶ ❷
○問題を見いだして課題を設定する場面や、実験の計画を立案する場面を設定し、習得した知識・技能を活用しながら、生徒が見通しをもって主体的に探究できるようにする。
◎立案した計画を点検し、計画の妥当性や安全面などを評価し、その後の指導に生かす。

第三次 ❶ ❷
◎課題に正対した考察をしている、根拠を示しているなどの評価の規準を生徒に示し、思考力を引き出す。
◎実験の計画や結果、考察が妥当なものであったかを検討し、単元を通して学んだことをノートに記述させる。

目指す生徒像

未知の自然事象に問題を見いだして課題を設定し、身に付けた知識・技能を活用して粘り強く探究し、科学することの面白さや有用性を実感しながら、新たな探究につなげていこうとする生徒。

情報の技術を 活用しよう

Ⅲ-①
見通しと
振り返り

1. 題材名　「情報の技術を活用しよう①
　　　　　〜ネットショッピングのプログラミングを通して」

2. 題材で育成する資質・能力〈題材の評価規準〉

知識・技能	思考・判断・表現	主体的に学習に取り組む態度
①情報の技術の概念や仕組み等を理解している。 ②プログラムを制作できる。	③情報の技術に込められた問題解決の工夫について考えている。 ④問題を見いだして課題を設定し、解決の方法を構想、具体化、また評価している。	⑤情報の技術を改善・修正しながら工夫し創造していこうとしている。

3. 題材の指導計画　　○指導に生かす評価　◎指導に生かすとともに記録して総括に用いる評価

次	時	○◎評価規準（評価方法）	・学習活動
第一次	① ②	○知識・技能①（学習シート） ◎思考・判断・表現③（学習シート）	・ IoT などに用いられている情報処理の技術や、様々なシステムに用いられている情報の技術の仕組み等について、開発の経緯や意図を調べる。 ・ 調べたことを発表するとともに、どう技術の折り合いをつけ最適化したのかまとめる。
第二次	③ ④	◎知識・技能①（定期テスト） ○思考・判断・表現④（学習シート）	・ 情報通信ネットワークを利用した買い物用ソフトのプログラムについて、利便性や安全性を高めるための課題を自分なりに設定する。 ・ プログラムを設計し、作業の計画を立てる。
第二次	⑤ ⑥ ⑦ ⑧ ⑨	◎知識・技能②（プログラム） ◎思考・判断・表現④（学習シート） ◎主体的に学習に取り組む態度⑤（振り返りシート）	・ プログラムを制作する。 ・ 完成したプログラムを評価する。
第三次	⑩ ⑪	◎知識・技能①（学習シート） ◎思考・判断・表現④（学習シート） ◎主体的に学習に取り組む態度⑤（学習シート）	・ これまでの学習活動を振り返りながら、生活や社会における情報の技術の活用方法について考える。 ・ 自分なりに考えた技術の活用方法について、話合いを通して様々な視点から検討し意思決定し、発表したり提言をまとめたりする。

技術分野

中学校

本題材における　指導と評価のポイント

❶ 条件や状況を踏まえて最適化する

技術分野において問題解決能力を評価するとき、生徒の考えた解決方法だけに注目するべきではない。条件や状況を踏まえどう最適化を目指したのかを、ワークシート等を用いて読み取ることが大切となる。もし条件や状況等を踏まえて考えていない場合、それらに注目させるような手立てが必要となる。

❷ 試行錯誤を促すことで、技術を評価する能力の向上を目指す

プログラムは、途中経過を保存することができるので、試行錯誤させやすい内容である。そこで学習活動としての相互評価等を積極的に取り入れつつ、教師からの評価の結果と比較させながら試行錯誤を促すことで、技術を評価する能力の向上を図る。

本題材における　学習の過程　　学習の過程における　指導と評価の一体化

技術をどう最適化するか、題材を通して判断させることで、技術分野における資質・能力の育成を目指す。

| 技術の見方・考え方の気付き | 身近な情報の技術が、どう折り合いをつけながら生み出されてきたかに気付く。 |

第一次 ❶
◎情報の技術が活用されている身近な具体物から情報の技術がどう最適化されているのかに注目させ、デジタルの特徴や使用条件等の点から工夫点を見つけられるようにする。

| 課題の解決 | 設定した課題を解決するプログラムを設計・計画し制作する。また、完成したプログラムを評価する。 |

第二次 ❶ ❷
○あらかじめ用意されたプログラムの意味や目的を読み取らせることで、自ら設定した課題の解決にどう生かせるか考えられるようにする。
◎プログラムを修正する過程で、より効率的なプログラムにするために、目的や条件などを踏まえて改善できるようにする。

| 社会への発展 | 今後、技術をどう活用していくか考え、態度を表明する。 |

第三次 ❶
○これまでの学習活動を振り返らせることで、情報の技術の長所や短所について考えられるようにする。
◎情報の技術をどう活用していくか自分なりに考え交流させることで、多様な視点に気付き、技術を自分なりに活用しようとする態度を身に付けさせる。

目指す生徒像

よりよい生活や持続可能な社会の構築に向けて、情報の技術を活用して問題解決能力を発揮しようとする生徒。

英語
中学校 **3** 年

資料を読み取って感じたことを伝えよう

Ⅲ-①
見通しと振り返り

1. 単元名 「A Guest from Cambodia」

2. 単元で育成する資質・能力〈単元の評価規準〉

知識・技能	思考・判断・表現	主体的に学習に取り組む態度
①他国の状況に関する英文を読んで、その内容を理解している。 ②人やものについて、説明を加えることができる。	③他国の状況やその国との関わりなどに着目して正確に情報を獲得し、国際社会の平和と発展のために各自ができることを考え、表現している。	④他国の状況やその国との関わりなどに着目して正確に情報を獲得し、国際社会の平和と発展に寄与する態度をもって、自分の意見を表現しようとしている。

3. 単元の指導計画　○指導に生かす評価　◎指導に生かすとともに記録して総括に用いる評価

次	時	○◎評価規準（評価方法）	・学習活動
第一次	1 2	○知識・技能①（ノートチェック・発表） ○知識・技能②（ペアチェックシート［相互評価]）	・ 図書館や PC 教室でカンボジアについて調べてノートにまとめ、班の中で発表し、情報を共有する。 ・ 教科書の新出単語や新しい表現を学習し、ペアチェックシート（相互評価表）で表現が身に付いていることを確認する。
第二次	3 4 5 6 7 8	◎思考・判断・表現③（目標確認シート） 〈目標〉 ・カンボジアの問題や子供たちの生活について説明する。 ・国際社会の平和と発展のために各自ができることを考え表現する。	・ カンボジアの問題や子供たちの生活について分かったことを各自でまとめてプレゼンテーションを作成し、グループ（4名）内で発表する。 ・ 国際社会の平和と発展のために各自ができることを考え、グループディスカッションを行った後、各自ノートに意見をまとめる。
第三次	9 10	◎主体的に学習に取り組む態度④（行動の観察）	・ 前時のグループディスカッションの内容をまとめて、目標確認シートを参照しながら、グループ毎にプレゼンテーションを作成し、クラス内で発表会を行う。

本単元における　指導と評価のポイント

❶ 学習活動としての自己評価と相互評価を充実させるための評価シートの導入

生徒は単元の目標を認識することで、明確な目標をもってより積極的にパフォーマンス課題（習得した知識や技能を活用して解決する課題）に取り組むことができるようになる。そして、自己の課題を意識し、主体的に学ぶ態度が身に付くと考えられる。そのため、目標確認シート（自己評価表）やペアチェックシート（相互評価表）を導入し、評価の観点や規準をより自分のことにすることで自己評価と相互評価を充実させ、主体的に学ぶことができるようにする。

❷ 自己評価や相互評価の充実から学習へのモチベーションを高める

粘り強く学習に取り組んだり自ら学習を調整したりすることを促すために、自己評価や相互評価を実施する。生徒自身が変容を捉え、自覚できるようにすることで学びへのモチベーションを高め、より主体的に学習に取り組むもうとする態度を養う。

本単元における　学習の過程　　学習の過程における　指導と評価の一体化

単元を通して課題解決的な学習の充実を図ることで情報を発信できる資質・能力を育成する。

| 課題の設定 | 課題：英語の資料から正確に情報を読み取り、課題を設定する。 |

| 課題の追究 | グループで協力し、課題の解決のために必要なことなどを考え、プレゼンテーションを作成する。 |

| 課題の解決 | プレゼンテーションを通して、情報や意見を分かりやすく伝え、多くの人と考えを共有する。 |

目指す生徒像

資料を読み取り、感じたことや考えを英語で伝えられる生徒。

第一次 ❶
○単元の目標を明確に意識させるために、目標確認シートで生徒に自己評価を行わせる。
◎目標設定シートを用いて評価して、指導に生かすとともに総括的な評価ための記録をする。

第二次 ❷
○ペアチェックシートで生徒は学習活動としての相互評価を行う。
◎生徒と同じペアチェックシートで評価して、指導に生かすとともに総括的な評価ための記録をする。

第三次 ❶❷
○チェックシートの表記は、目標が具体的で分かりやすくするように指導に当たる。
○プレゼンテーションは教員の評価と生徒の相互評価を並行して行う。生徒へのフィードバック（指導）を十分に行い、次の単元につなげる。

研究計画書を作成しよう

1. 単元名 「研究計画書の作成」

2. 単元で育成する資質・能力〈単元の評価規準〉

知識・技能	思考・判断・表現	主体的に学習に取り組む態度
①探究的な学習の過程において、課題の発見と解決に必要な知識や技能を身に付け、さらにそれらを活用して物事の本質を探る探究の意義や価値を理解している。	②実社会や実生活の中からリサーチクエスチョン（研究で明らかにしたいこと）を見いだし、自分で仮説を立て、研究計画を立案して調査や実験を行い、整理し分析して、まとめを行っている。	③探究的な学習に主体的に取り組もうとしているとともに、探究活動で得られた知見を他者と共有するなど、協働的に研究を進めようとしている。

3. 単元の指導計画 ○指導に生かす評価 ◎指導に生かすとともに記録して総括に用いる評価

次	時	○◎評価規準（評価方法）	・学習活動
第一次	1 2 3	○知識・技能①（小テスト）	・課題研究ノートを用いて研究手法について学び、各自でリサーチクエスチョンの設定の検討を行う。 ・必要な資料を収集し、研究テーマの重要性について考える。
第二次	4 5 6 7	◎思考・判断・表現②（単元ルーブリック） ○主体的に学習に取り組む態度③（行動観察）	・各自でリサーチクエスチョンを設定し、担当教員のチェックを受ける。 ・同じ研究分野※内で情報交換をしながら、各自で仮説を設定して研究計画書を作成し、担当教員のチェックを受ける。
第三次	8 9 10	◎思考・判断・表現②（課題研究ノート） ○主体的に学習に取り組む態度③（発表）	・課題研究ノートに実験計画書をまとめ、担当教員のチェックを受ける。各自の実験計画を研究分野内で発表する。 ※研究分野（6分野）［生命科学］［ナノテク材料・化学］［物性科学］［情報通信・数理］［天文・地球科学］［グローバルスタディーズ］

本単元における　指導と評価のポイント

❶ 課題研究ノートを用いたステージごとの評価

研究テーマ、リサーチクエスチョン、仮説等、研究計画書作成に必要な事項を整理し、ステージごとに自己評価や相互評価、教員によるチェック（評価と指導）を繰り返し行うことで、着実に探究を進めていくことができるようにする。

❷ 総合的な探究の時間におけるルーブリックを用いたパフォーマンス評価

内容の規定がない総合的な探究の時間においては、あらかじめ評価規準を明確にして共有しておくことが重要であり、ルーブリックの導入が考えられる。次のようなルーブリックの使用は、課題研究の到達目標を生徒が自ら確認しながら課題研究の進捗を管理することに有効である。

本単元における　学習の過程　　学習の過程における　指導と評価の一体化

本単元で目指している課題研究の計画に関する資質・能力を育成するために、単元の課題（研究計画を作成する）を解決できるようにする。

| 単元の課題の確認 | 単元の課題（課題研究の計画）を確認し、身の回りのことからリサーチクエスチョンを見いだし、課題研究の課題を設定する。 |

| 単元の課題の追究 | 同じ研究分野内で協力して仮説を設定し、研究計画の策定を行う。 |

| 単元の課題の解決 | 研究計画書を完成させ、研究分野内で発表を行う。 |

第一次 ❶
○課題研究の課題は自分の疑問や問いから解決の見通しをもって設定し課題研究を自ら進めること、そのためには、課題研究ノートを活用し、節目での振り返りを通して研究を自ら調整しながら課題の解決に向けて粘り強く取り組んで行くことなどが大切なことを十分に理解させる。

第二次 ❷
○生徒と教員がルーブリックの内容を共有し、チェックを繰り返しながら進める。
○研究分野内で協力して仮説の設定を行い、協働な活動になるように留意する。

第三次 ❶❷
○ルーブリックを用いた指導と評価が課題研究ノートに整理して記録され、後で誰が読んでも分かるように指導する。
○研究分野内の生徒にルーリックを用いて相互に評価させるようにする。

目指す生徒像

課題研究において、定量的な調査と定性的な調査やその研究手法を理解し、自ら設定した課題に適切な仮説の設定と実現可能な実験計画の作成ができる生徒。

特別な教育的ニーズの
ある生徒への指導

Ⅲ-4

個人内
評価

1. 単元名 「関数 $y=ax^2$」

2. 単元で育成する資質・能力〈単元の評価規準〉

知識・技能	思考・判断・表現	主体的に学習に取り組む態度
①関数 $y=ax^2$ を用いて捉えられる事象があることを知り、その意味や特徴を理解している。 ②関数 $y=ax^2$ の関係を式やグラフに表すことができる。	③関数 $y=ax^2$ で表すことができる事象の変化や対応を、一次関数などと比較して考察している。	④二つの数量の関係に関心をもち、観察・実験・調査などを通して、関数 $y=ax^2$ を考察し、特徴を調べようとしている。 ⑤自分にとって思考しやすい方法で問題を解決しようとしている。

3. 単元の指導計画　○指導に生かす評価　◎指導に生かすとともに記録して総括に用いる評価

次	時	○◎評価規準（評価方法）	・学習活動
第一次	1 2 3 4 5	◎知識・技能①（ノート） ◎知識・技能②（ノート） ◎主体的に学習に取り組む態度⑤（行動観察・ノート）	・ジェットコースターの動きの観察記録を表に整理し、関係式を求める。 表やグラフに整理し、その特徴をまとめる。 《算数障害のある生徒には数値計算に電卓などを利用し、計算上の負荷を除去して、活動の効率化を図る》
第二次	6 7 8	○思考・判断・表現③（行動観察・ノート） ◎知識・技能②（ノート） ○思考・判断・表現③（行動観察・ノート） ○主体的に学習に取り組む態度④（行動観察・ノート）	・xの変域の両端の値を様々に設定し、一次関数との違いを認識する。 ジェットコースターの速度の増減に注目し、関数 $y=ax^2$ の必要性を意識して様子を表現する。 さらに、$y=ax^2$ という関数の限界を予測し、他の関数の存在に関心をもたせる。 《発達障害など、他者とのかかわりが困難な場合、全員に対するプレゼンテーションなど過重な負担となることを避け、ポスター発表にするなど配慮も必要である。書字障害などで、文字での表出に時間がかかる場合、図などによる説明も可とする。》
第三次	10 11 12 13	◎思考・判断・表現③（行動観察・ノート） ◎主体的に学習に取り組む態度④（行動観察・ノート）	・自転車の停止距離の問題で、関数 $y=ax^2$ の活用について考察した後、電話料金の問題で離散的な関数を考察する。また、関数関係の継続を仮定し、予測の体験をする。 《学習障害（LD）傾向があり、抽象的な思考や推論が苦手な生徒には、視覚化の効果によって、思考が促進されることを経験させ、学習の方法に取り入れられるよう促す。》

本単元における　指導と評価のポイント

❶ 知識・技能、思考力・判断力・表現力について

書字障害や協調性運動障害のある生徒は、テストなど筆記に予想以上の時間を要する。また、自閉傾向のある生徒や緘黙の生徒などは、発表に苦痛を伴う。そこで、他の生徒と評価規準を変更せずに評価するためには、試験時間を延長する、ポスター発表にするなど、評価方法を工夫し、生徒が身に付けた力を十分に引き出す配慮をする。

❷ 主体的に学習に取り組む態度について

算数障害のある生徒であっても、電卓を活用するなどの環境調整によって、グラフを作成し活用する効果を理解させるなど、数学的に考えることのよさを体感させ、日常の問題に活用できることを実感させる。そして、数学的に考えることが、生活する上で障害特性を補うことにもつながることを体感させ、学習意欲につなげる。

本単元における　学習の過程　　学習の過程における　指導と評価の一体化

事象を視覚化して問題を解決するよさを体験する機会を設ける。

第一次 ❶❷
- 関数 $y=ax^2$ の意味理解、式の処理方法、グラフの性質などに重点を置いた指導を行う。《数値計算や作図などが負担な生徒についても、障害の状態に合わせ、合理的な配慮を行うことで、第二次の問題解決に必要な理解が進んだかを評価する。また、代替手段も用いて、第二次の学習に備える。》

| 必要性と意味、技能の習得 | ともなって変わる二つの数量を見いだし、それらの変化や対応を、数式やグラフに視覚化できないか。 |

第二次 ❶❷
- ジェットコースターの観察など、身近な問題に関数を応用していく方法を指導する。《こだわりが強く、類似点や相違点を見いだすことに困難を示す生徒には、一次関数との比較のポイントを示すなどして、活動を明確にし、評価時も適切な配慮を行う。》

| 活用した問題解決 | 具体的な事象に関数の関係を適用し、数学化して問題を解決したい。 |

第三次 ❷
《発達に偏りがあり、学習困難な生徒の中には、ワーキングメモリ（作業記憶）の弱さが見られる場合も多い。それを補うには、視覚化が有効であるといったように、自分にとって効果的な学び方ができたかも個人内評価の対象としたい。》

| 一連の学習の振り返り | 複雑なことがらを、式やグラフで視覚化すると、思考が促進される。 |

目指す生徒像

学習障害（LD）などがあり、習得に困難さを抱えていたとしても、自分なりの学び方（ICT機器など活用しながら視覚化して考察を進めていくなど）を身に付け、様々な困難に適応しようとする生徒。

第 III 章

PDCA サイクルに位置付いた
学習評価の解説と実際の例

本章は、以下の項目ごとに、（解説）と[実際の例]で構成されている。

1. 見通しと振り返り
2. 単元等を通した学習評価
3. 評価と評定
4. 個人内評価
5. 観点別学習状況の評価
6. ペーパーテスト
7. パフォーマンス評価
8. 生徒へのフィードバック
9. 授業評価と学校評価
10. 授業の改善と充実

また、[実際の例]では、PDCA サイクルのどの場面に該当するかを、

で示している。

解説 1.「見通し」と「振り返り」

(1)「見通し」と「振り返り」とは

　「見通し」と「振り返り」については、中学校の平成20年版の総則「第4　指導計画の作成等に当たって配慮すべき事項」の(6)に、「各教科等の指導に当たっては、生徒が学習の見通しを立てたり学習したことを振り返ったりする活動を計画的に取り入れるようにすること」が挙げられている。平成29年版の総則では、「生徒が学習の見通しを立てたり学習したことを振り返ったりする活動を、計画的に取り入れるように工夫すること」として位置付けられている。そして、平成29年版解説総則編において「具体的には、例えば、各教科等の指導に当たっては，生徒が学習の見通しを立てたり，生徒が当該授業で学習した内容を振り返る機会を設けたりといった取組の充実や，生徒が家庭において学習の見通しを立てて予習をしたり学習した内容を振り返って復習したりする習慣の確立などを図ることが大切である。これらの指導を通じ，生徒の学習意欲が向上するとともに，生徒が学習している事項について，事前に見通しを立てたり，事後に振り返ったりすることで学習内容の確実な定着が図られ，各教科等で目指す資質・能力の育成にも資するものと考えられる」と説明している。

(2) 学習の見通しを共有する

　最近は、授業の始めに「今日のめあて」を板書して確認したり、授業の終わりに「それでは、今日の学習を振り返って、気付いたことを書きましょう」といった活動を設定したりすることが多く行われるようになってき

た。しかし、「見通し」とは単に「学習の目標」や「学習の順序」を事前に知るということだけではなく、その単元や題材等において育成する資質・能力、それを育成する言語活動、そこにおける評価の方法及び評価規準を生徒と共有することが大切である。「振り返り」についても、単に活動を「面白かった」や「ためになった」ということを振り返るのではなく、「この単元や題材での学習を通して、自分にどんな力が付いたのか、そのために自分はどのように取り組んだのか」というようなメタ認知を行うことが求められる。このことについて、報告(1.21)では、「どのような方針によって評価を行うのかを事前に示し、共有しておくことは、評価の妥当性・信頼性を高めるとともに、児童生徒に各教科等において身に付けるべき資質・能力の具体的なイメージをもたせる観点からも不可欠であるとともに児童生徒に自らの学習の見通しをもたせ自己の学習の調整を図るきっかけとなることも期待される」と指摘している。

　このためには、第Ⅲ章①3に示す「学びのプラン」を活用することが有効である。それにより、学習者である児童生徒が見通しをもって学習に取り組み、それを振り返ることを通して、「学習したことの意義や価値を実感できるようにする」(平成29年版「第1章　総則　第3教育課程の実施と学習評価(2)」)ことが可能になる。

解説

2. 学習活動である自己評価や相互評価を通して、学習に主体的に取り組めるようにする

（1）学習に主体的に取り組めるようにする

報告（1.21）では、「主体的に学習に取り組む態度」の評価において、次のように２つの側面から評価することを求めている。

> 本観点に基づく評価としては、「主体的に学習に取り組む態度」に係る各教科等の評価の観点の趣旨に照らし、
> ①知識及び技能を獲得したり、思考力、判断力、表現力等を身に付けたりすることに向けた粘り強い取組を行おうとする側面と、
> ②①の粘り強い取組を行う中で、自らの学習を調整しようとする側面、
> という二つの側面を評価することが求められる。

この２つの側面を評価するに当たり、まずは児童生徒が学習を進める中で、学習目標の実現のために粘り強く取り組もうとする態度や、学習を調整するための資質・能力を育成することが大切である。

（2）メタ認知に関する資質・能力を育成するための学習活動を導入する

学習を粘り強く取り組もうとする態度や学習を調整するための資質・能力を育成するには、メタ認知に関わる資質・能力を育成することが有効と考えられる。そのためには、学習を進める中で、児童生徒が自らの学習を振り返り、その後の学習に向かうことができるような機会を設定することである。単元や題材において、見通しをもつことができる学習場面や、学習の節目において振り返りを行い学習を調整できるような学習場面を位置付けることである。また、これらの学習活動における指導の改善や充実が大切となる。

（3）学習の状況を可視化できるようにする

学習活動としての自己評価や相互評価においてメタ認知を可能にするための１つの方策として、学習の状況を可視化できるようにすることが考えられる。紙媒体であれば、それまでの学習の状況が一元化されているような学習シートや自己評価表などを導入する。タブレットなどの電子デバイスを利活用すれば、グループの話合いや様々なパフォーマンスを撮影して再生し確認することが即時的に簡単に行うことができる。このように学習の状況を児童生徒が捉えることができれば、その後の学習の調整につなげることができる。

（4）クリティカル・シンキング（批判的思考）を通して学ぶ

学習活動としての自己評価や相互評価は、自分やグループの考えやその表現であるパフォーマンスをよりよくする機会でもある。その際、大切なことはクリティカル・シンキング（批判的思考）である。批判的とは否定することではなく、「本当に適当か」などと改めて考えたり話し合ったりして、学習をよりよくしたり深めたりすることである。そのことにより、理解を深め、より精緻で高度な概念を形成することもある。まさに主体的・対話的で深い学びの実現である。

3. 生徒が学習と評価に見通しをもつための「学びのプラン」

中学校　理科

（1）指導と評価の一体化を図るために

　図1は、髙木（2015）の学習内容と評価計画の示し方を参考に、中学校理科第1分野「身のまわりの物質」における単元の学習指導案を、生徒向けにアレンジして作成した「学びのプラン（学習者用の単元計画）」である。これを単元ごとに作成し、各単元の最初の授業で生徒に配付している。

　学びのプランを作成し、単元における学習と評価の内容を生徒の立場から具体的に示すことにより、生徒は単元全体の見通しをもち、どこでどのような内容を学習し、どのように評価が行われるのかを知ることができる。

　つまり、単元全体を通して、「何ができるようになるか」「何を学ぶか」「どのように学ぶか」「何が身に付いたか」を教師と生徒が共有することにより、指導と評価の一体化が図られるとともに、生徒が目的意識をもって、主体的に学習に取り組むことができるようになる。

（2）単元の学習指導案を生徒と共有する

　学びのプランは、単元ごとの学習指導案（単元の指導計画と評価計画）を、生徒が分かるように平易なことばで言い換えたものである。

　図1の「1. 単元を通して身に付けてほしい資質・能力」の項目には、その単元で育成すべき資質・能力（単元の目標）を具体的に記述し、学習の到達点が明確になるようにしている。

　「3. 単元の授業計画」の「身に付けてほしい資質・能力」の項目には、時間ごとの具体

の評価規準を、「身に付けてほしい資質・能力」として評価方法とともに記述している。つまり、単元で身に付けるべき資質・能力を、いつどのように身に付けるかを示すとともに、どこで、何を、どのように評価するかを具体的に示すことにより、指導と評価の一体化が図られるようにしている。また、「学習の内容」の項目には、時間ごとに生徒が行う活動の具体を記述し、単元全体の授業の流れが分かるようにしている。

　以上のように作成した学びのプランを、単元の始まりに生徒に配付してノートに貼らせ、生徒がいつでも学びの現在地を確認できるようにしておくとともに、見通しをもたせる場面や振り返りの場面などで利活用している。

（3）他の校種、他の教科に生かすならば

　学びのプランの作成にあたっては、まずその基となる単元ごとの学習指導案を作成する。次に児童生徒の発達の段階や実態などをふまえて文章表現などを工夫し、児童生徒が分かるようにアレンジする。こうして作成した学びのプランは、他の校種、他の教科においても、指導と評価の一体化を促進するとともに、児童生徒の主体的な学びを引き出したり、評価を充実させたりする有効なツールになると考えられる。

参考文献
○髙木展郎『変わる学力、変える授業。21世紀を生き抜く力とは』三省堂、2015

理科　第1学年　学びのプラン

1．単元を通して身に付けてほしい資質・能力
（1）　身のまわりの物質に関することがらや現象についての理解を深め、科学的に探究する
　　　ために必要な基本的な技能を身に付ける。【知識・技能】
（2）　身のまわりの物質に関することがらや現象から問題を見いだし、見通しをもって観察、
　　　実験などを行い、その結果をもとにして考察し表現するなど、科学的に探究する力を
　　　養う。【思考・判断・表現】
（3）　身のまわりの物質に関することがらや現象に進んで関わり、科学的に探究しようとす
　　　る態度を養う。【主体的に学習に取り組む態度】

2．単元名　　「身のまわりの物質」

3．単元の授業計画

次	時	身に付けてほしい資質・能力 【評価の観点（評価の方法）】	学習の内容
第1次	1	マッチとガスバーナーの使い方の技能を身に付けている。 【知識・技能（技能テスト）】	実験チェックリストをもとに、実験の正しく安全な進め方を学習する。マッチとガスバーナーの使い方を習得する。
	2	なぞの白い粉末に問題を見いだして課題を設定し、実験の計画を立てている。 【思考・判断・表現（ノート）】	レポートの書き方の例をもとに、探究のしかたを学習し、なぞの白い粉末の正体をつきとめる実験の方法を考える。
	3	計画に基づいて観察、実験を行い、結果をもとにして考察し、表現している。 【思考・判断・表現（ノート）】	自分たちで考えた方法で、なぞの白い粉末の正体を調べる観察、実験を行い、結果を考察してノートにまとめる。
	4	有機物と無機物の性質のちがいや、金属に共通な性質について理解している。 【知識・技能（ペーパーテスト）】	身のまわりの物質が、有機物と無機物や、金属と非金属に分けられることを学習する。
第2次	5	物質の質量や体積のはかり方の技能を身に付けている。 【知識・技能（技能テスト）】	上皿てんびんとメスシリンダーを用いて、いろいろな物質の密度を調べる実験を行う。
	6	実験の結果をもとに、なぞの物質の正体について考察し、表現している。 【思考・判断・表現（ノート）】	なぞの物質の密度を調べ、文献値と比較して、なぞの物質の正体をつきとめる実験を行う。

（以下略）

図1　単元の学習指導案を生徒向けにアレンジして作成した「学びのプラン」

4. 自分の考えや状況を可視化する自己評価表

（1）育成したい資質・能力

大学の教職課程における講義や演習などで、堀（2003）の評価論を参考にして作成した図1のような自己評価表を導入し、自己評価の在り方や進め方などについて体験を通して学ぶとともに、自己評価に関わる資質・能力の育成を図っている。

（2）学習と指導の改善と充実に生かす

2ページ目と3ページ目は、全15回の各授業において自己評価を行い、「学んだことと、その振り返り」を記入する。各授業において、最後の5分程度で記入するようにしている。学生は、実施した活動だけを書くのではなく、その活動から、自分が学んだこと、実感したことや気付いたこと、分からなかったことやできなかったことなどを記述する。また、それらを振り返り、自分の状況や変容、学修（以下、学習）に対する思い、今後に向けての改善や充実させたり発展させたりすることなどを記入するようにしている。

これらの記述から、指導者は各授業の目標の実現状況を捉え形成的な評価を行っている。指導者は、授業の終了後、一人一人の記述を読み、教員を目指すに当たって大切なことやポイントになる点としての下線や、本人の思いを価値付けるための下線を引き、確認欄にサインする。付箋紙を付けたり、できる範囲ではあるがコメントを記入したりする。次の授業の始まる前に自己評価表を返却する。必要に応じて、個々の学生に声をかけ指導や助言をしている。また、授業の始めには、前回の授業の様子や振り返りからとし

て、全員に対しての補足や今後の取組に向けての指導や助言をする。このように大学の講義において、学生の自己評価を促し、指導者の形成的な評価を実現させている。自己評価表は、授業改善と、学生の自己評価を促しそれに関わる資質・能力の育成を図る大切なツールとして機能している。

また、毎回の自己評価の記入は、授業に参加したからこそ記入できる。授業の開始前に返却するので、欠席者の自己評価表は手元に残り、確認欄にサインとともに「休み」と記入し欠席を明確化する。次の授業の始まる前に、欠席者へは自己評価表を返却するとともに欠席した授業の配付資料を渡す。そして、欠席に関わる補足等をする。このようにして、出欠席をすぐに把握し、欠席者へのフィードバックも容易にすることができる。欠席した学生も、欠席の授業の内容を把握し、必要に応じた対応をすることができる。このように、指導者も学生も、授業の出欠席のマネジメントの有効なツールとなっている。

（3）変容や成長した自分を実感する

第15回の授業において「全体を通して、学んだこととその振り返り」を記入する。冊子を開くと、この4ページ目と1ページ目は見開きになり、15回目の自分と1回目の自分を比較することができるようになっている。さらにその比較から自身の変容や成長したことなどを記入する。これは、本講義に臨んだときと修了したときの自分をメタ認知できるようになっているから、記入できるもの

である。

この自己評価表は、1枚の紙に学習における自分の考えや状況が可視化されているため、学生が簡便に自身の変容や成長を捉えることができる。そして、指導者は、学生が粘り強く学習に取り組み、自己評価を通して学習を改善するなど、自己調整を図って成長しようとしている状況を評価することができる。

（4）他の校種、他の教科に生かすならば

本自己評価表は、各校種におけるそれぞれの教科等の単元や題材において、学習のねらいや内容、児童生徒の発達の段階や実態などに即して作成し導入することで、粘り強い取組や学習における自己調整に資するものと考えられる。

参考文献

○堀哲夫『学びの意味を育てる理科の教育評価　－指導と評価を一体化したその具体的方法とその実践－』東洋館出版社、2003

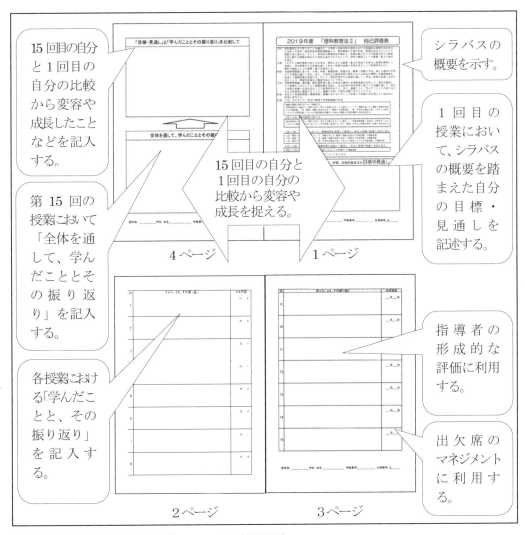

図1　2019年度の講義「理科教育法Ⅱ」における自己評価表

5. 自らの学びを調整し、次の学習に生かす相互評価

中学校　社会

(1) 社会科における資質・能力を育成する

　中学校社会科の目標に、社会的な見方・考え方を働かせて、課題を追究したり解決したりする活動を通して、広い視野に立ち、グローバル化する国際社会に主体的に生きる平和で民主的な国家及び社会の形成者に必要な公民としての資質・能力の基礎を育成することが平成29年版に明確に位置付けられた。その資質・能力の基礎を育成する方策として、単元に学習活動としての相互評価を位置付けることによって、自らの学びを調整し、次の学びに生かす「探究の芽」を育てることが考えられる。

　その資質・能力の基礎を育成するに当たっては、相互評価は学習者の学習活動であることから、学習評価は指導者である教師が行う。生徒の学習活動を意味付け、価値付けるのは教師であることに留意したい。

(2) 成果物を通した交流による相互評価

　次は中学校社会科の地理的分野・歴史的分野の実践における学習活動としての相互評価の事例である。

1) 地理的分野「身近な地域の調査」

　地理的分野の「身近な地域の調査」の単元において、自分の身近な地域について、自ら設定したテーマを追究する学習活動である。

①「地理院地図」や「今昔マップ」など、ICTの利活用を通して、身近な地域を地形図等から特徴を読み取る。

②テーマを設定する。テーマ設定の理由、追究する方法等についてまとめ、見通しをもつ。

③設定したテーマを追究して、レポート形式にまとめる。

④自分の机の上にレポートを置き、他者のレポートを読み、教師が設定した相互評価の視点を基に、参考になった仲間のレポートを3人挙げ、理由を探究シートに記入する。

⑤相互評価を行い、それから学んだことを、付箋に記入する。

〜付箋に記入した生徒の学びの例〜

　今回、地域を調査して、また皆と交流してみて、地図を利用して調べることでその地域の変化や歴史を知ることができるということが分かった。また、インタビューなど聞き取り調査をすることで、文献などからでは分からない情報を得ることができた。そのため、地図（地理）、歴史などの広い範囲で調べることと、インタビューなどで実際に話を聞いてみることが大切だと思った。

　今回、クラスの人のレポートを見て、自分も生かしていきたいと思ったことは、「比較する」ということだ。前から「比較する」ということを知らなかったわけではないし、実際にやっていた。しかし、そのやり方が大事だと分かった。「比較する」といったら面積や人口を他地域と比較するなどがあるが、同じ場所でも、年代によって違っていて、店の数や現地の人の話など、比較する項目はたくさんあることに気付いた。

2）歴史的分野「近世の日本」

織田信長・豊臣秀吉・徳川家康について
〜「問い」から人物を考えてみよう！〜

　小学校でも学んでいる３人の人物に改めて着目して、社会的事象の歴史的な見方・考え方を働かせて時代の特徴を追究するために、歴史上の人物を捉え直す学習活動である。

①３人のうち１人を選び、その人物を追究する「問い」を設定する。

②①で設定した「問い」に基づいて、その答えになる内容を調べてまとめる。

③次の視点で相互評価をする。

> 教師が設定する相互評価の視点
> ・人物を追究する適切な「問い」が設定されているか
> ・内容が根拠に基づいており、具体的かつ論理的に記述されているか
> ・「問い」に対する見解（解釈・説明）に説得力があるか

④相互評価を行い、それから学んだことを、探究シートにまとめる。

（3）他の校種、他の教科に生かすならば

　前述の通り、相互評価は学習活動であることから、生徒の学習活動を意味付け、価値付けるのは教師の役割である。

　平成 29 年版では、各教科の見方・考え方を働かせて資質・能力を育成することに眼

目があるので、各教科のグランドデザインの中で意図的・計画的に学習活動である相互評価を位置付けることは大切である。

　そのためには、相互評価における指導者の工夫が求められる。図１は相互評価を行う際の視点や工夫の例である。学習活動としての相互評価を通して、資質・能力の育成が図られるようにしている。

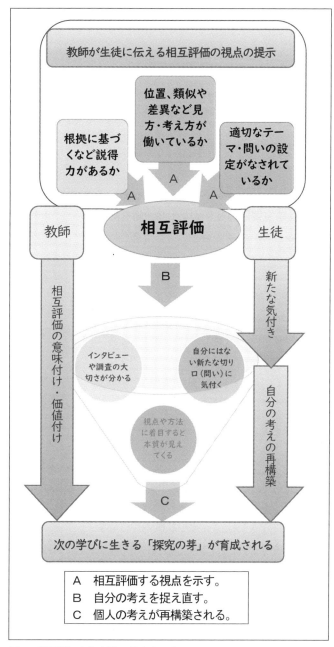

図１　相互評価を行う際の視点や工夫

②単元等を通した学習評価

（解説）1. 単元等のまとまりにおける学習評価の在り方

（1）各教科における学習評価

　各教科の資質・能力は、単元や題材などある程度のまとまりを通して育成されるものである。知識や技能は、単位時間で習得を図れるものもあるが、理解を深めたり概念を形成したりするためには、ある程度のまとまりを通して学ぶ必要がある場合もある。また、単元や題材に関する思考力・判断力・表現力や学びに向かう力は、そのまとまりを通して育成されるものであるが、各教科の目標に位置付けられているようなより汎用的な資質・能力は、それぞれの単元や題材を踏まえて学期や年間などの長い期間を通して育成されるものである。

（2）単元や題材などにおける指導と評価の一体化

　単元や題材などのまとまりを通して資質・能力を育成するには、指導と評価の一体化が大切となる。形成的な評価、指導に生かす評価で得られた情報を指導に生かし、指導と学習の改善と充実を図り児童生徒の資質・能力を育成する。そこでの評価の情報はあくまでも指導に生かすものであり、成績の資料にするものではない。また、学習前の診断的な評価や学習中の形成的な評価の情報は、学習後の成長した児童生徒の実現の状況を捉えるためには有効である。

　評価は成績のためと考え、より多くの評価の情報を成績に反映させようとする場合がある。きめ細かな評価の情報を収集することが、妥当性や信頼性を高め、説明責任を果たすことにつながると考えるからである。そう

なると、「評価のための評価」や「評定のための評価」に陥ることがあり、学習評価は加重な負担となり、働き方にも影響する。何より児童生徒が、いわゆる評価漬けになり不幸である。説明責任を果たせるようにしておくことは大切であるが、その前に結果責任を果たすことである。つまり、目の前の児童生徒の資質・能力を育成することである。それが教員本来の使命ではないだろうか。児童生徒の資質・能力を育成するには、診断的な評価、形成的な評価、指導に生かす評価、つまり指導と評価の一体化を図ることである。このようにして成長した児童生徒の状況を、総括的な評価として評価し評定して成績に反映させるのである。

（3）より汎用的な資質・能力を育成するための学習評価

　各教科の目標に位置付けられているようなより汎用的な資質・能力は、年間を通しての学習で育成されるものである。学習指導要領の内容に即する知識や技能は、各単元や題材において習得される。一方、各教科等の目標に関する思考力・判断力・表現力や学びに向かう力は、年間を通して育成されるものである。そうなると、指導要録の「観点別学習状況の評価」における評定（ここで言う評定は指導要録の評定ではなく、A、B、Cを付ける営みのこと）の仕方は、「知識・技能」と、「思考・判断・表現」及び「学びに向かう力」とでは違ってくる。年度の最後における児童生徒の成長した姿や状況が反映するような評定の仕方であることが望まれる。

実際 の例	# 2. 単元を通してレポートを評価する

中学校　理科

（1）理科における資質・能力を育成する

　理科の学習において観察・実験レポートの作成は、小学校の問題解決や中学校・高等学校の科学的な探究において大切な学習活動の1つである。そして、そのパフォーマンス評価を通して理科における資質・能力の育成を図ることができる。図1は、中学校理科における単元における観察・実験レポートの評価と評定の方策を表したものである。

（2）観察・実験レポートの作成を通して

　「ある単元に観察・実験レポートが5つあったならば、その評価と評定はどうしますか」と問われたら、どのように考えるだろうか。「評価は成績」と捉えるならば、「1つ1つのレポートを点数化し合計して学習成績の資料とする」と答えるのではないだろうか。観察・実験レポートの作成を導入するねらいはいくつかあるが、大切なことは生徒の理科における資質・能力を育成することである。そのための1つの方策として、図1のような観察・実験レポートの評価と評定が考えられる。参考となるレポートの共有や付箋紙の色を使った生徒へのフィードバックなどは、指導と評価の一体化を持続

可能にするための工夫である。

（3）他の校種、他の教科に生かすならば

　この理科の観察・実験レポートの評価と評定の在り方は、各校種におけるそれぞれの教科の単元や題材におけるレポートや成果物などのねらい、児童生徒の発達の段階や実態などに即して導入することで、それぞれの教科における資質・能力の育成に資するものと考えられる。その際、気を付けたいことは、結果（プロダクト）だけでなく過程（プロセス）を大切にするような指導と評価を計画し実行して、評価の結果を指導と学習の改善と充実に生かすことである。そして、育成した児童生徒の状況を評定し学習成績に反映させたい。

図1　単元における観察・実験のレポートの評価と評定の例

③評価と評定

1.「評価」と「評定」

(1)「見取り」から「指導に生かす評価」へ

　平成29年版で示される3つの資質・能力の育成を図るため、それらの資質・能力の育成がいかに行われ、どのような資質・能力が育成されたのかという評価と、それらの資質・能力の育成をいかに図っているかという指導の内容や方法が重要である。そこでは学びの過程（プロセス）そのものが大切であり、児童生徒は、報告（1.21）に「学習改善に向かって自らの学習を調整しようとしているかどうか」とあるとおり、振り返り（リフレクション）を通してメタ認知することが求められる。そして指導者は、一人一人の児童生徒の学びの履歴としての学びのプロセスをフォローし、記録して評価することが必要である。このような学びのプロセスそのものを対象とする評価は、まさに学びの過程の形成的な評価となる。

　このような学びのプロセスの過程の評価について「見取る」という語が使われることがあるが、「見取る」という語の使用により、「児童生徒の学びのプロセスを『見取って』記録すればよいのだ」という誤解も生じているようである。当然のことながら、単に児童生徒の学びのプロセスを「見取る」だけでは単なる記録に過ぎず、「見取った」ことを児童生徒にフィードバックし、次の学習に生かすことのできるような手立て（すなわち指導）を行わなければならない。このことがまさに「指導と評価の一体化」が意味するところである。

(2)「評価」と「評定」

　評価と評定という言い方は、「評価は学習評価全般のことであり資質・能力の育成を促す営み」と「評定をABCや54321に記号化するという学習成績をつける営み」という趣旨、「評価を指導要録における観点別学習状況の評価」と「評定を指導要録における評定」という趣旨として言ったり捉えられたりすることができる。評定に関しては、どちらも同じ表記なので、学習評価の理解やその実践において混乱することがある。

　学習評価は児童生徒の成長を促したり成績に反映されたりして、児童生徒にとっては大変に重要なことである。学習評価の様々なことに関して正しく理解し適切に行うことが大切である。

　日常の学校では、「今日は器械体操の評価をします」のように、「評価」の語を「実技テスト」の意味で用いたり、「評価」という語を「評定（記号化する）」や「成績」と同義に捉えたりする場面が見られる。

　しかし、学習評価における指導要録の「観点別学習状況の評価（観点別評価）」「評定」「個人内評価」等の語については、それらの意味を正確に理解しておきたい。これらについて、報告（1.21）では、「現在、各教科の評価については、学習状況を分析的に捉える観点別学習状況の評価と、これらを総括的に捉える評定の両方について、学習指導要領に定める目標に準拠した評価として実施するものとされており、観点別学習状況の評価や評定には示しきれない児童生徒一人一人のよい点や可能性、進歩の状況については、個人内

評価として実施するものとされている」と説明し、その意味を明らかにしている。

(3)「観点別学習状況の評価」と「評定」

　報告（1.21）では、「観点別学習状況の評価」及び「評定」について、それぞれ次のように説明している。

- 各教科の学習状況を分析的に捉える「観点別学習状況の評価」は、児童生徒がそれぞれの教科での学習において、どの観点で望ましい学習状況が認められ、どの観点に課題が認められるかを明らかにすることにより、具体的な学習や指導の改善に生かすことを可能とするものである。
- 各教科の観点別学習状況の評価を総括的に捉える「評定」は、児童生徒がどの教科の学習に望ましい学習状況が認められ、どの教科の学習に課題が認められるのかを明らかにすることにより、教育課程全体を見渡した学習状況の把握と指導や学習の改善に生かすことを可能とするものである。

　ただし、現状の課題として、「いまだに評定が学習指導要領に定める目標に照らして、その実現状況を総括的に評価するものであるという趣旨が十分浸透しておらず、児童生徒や保護者の関心が評定や学校における相対的な位置付けに集中し、評定を分析的に捉えることにより、学習の改善を要する点がどこにあるかをきめ細かに示す観点別学習状況の評価に本来的に期待される役割が十分発揮されていない」と指摘している。

　観点別学習状況の評価をどのように評定に総括するかについては、従前より、評定の決定方法は、各学校で定めることとされてきた。

　しかし、実際には、中学校の学習評価における「評定」は、各都道府県の高等学校入学者選抜に用いられる調査書と関わりがあるこ

とから、「評定」への総括の方法については、新学習指導要領に向けて各都道府県で検討が行われており、進路指導の資料としての「評定」の在り方には、今後一定の方向性が示されるものと思われる。

　なお、現在、評定は観点別学習状況の評価を教科全体の学習状況を段階別に（小学校では1から3の三段階、中学校以上では1〜5の五段階）総括したものであるが、観点別学習状況の評価自体も、各教科の単元や題材などのまとまりごとの学習状況を段階別に（A、B、Cの三段階）総括したものである。したがって、何らかの学習状況を段階別に総括する点においては、観点別学習状況の評価も評定の一種であることに留意しなければならない。

4　学習評価とカリキュラム・マネジメント

　学習評価は、「子供たち自身が自らの学びを振り返って次の学びに向かうことができるようにする」（答申）ためのものである。そして、そのためには「『子供たちにどういった力がついたか』という学習の成果を的確に捉え、教員が指導の改善を図る」（答申）ことや、「子供の学びの評価にとどまらず『カリキュラム・マネジメント』の中で、教育課程や学習・指導方法の評価と結び付け、子供たちの学びに関わる学習評価の改善を、さらに教育課程や学習・指導の改善に発展・展開させ、授業改善及び組織運営の改善に向けた学校教育全体のサイクルに位置付けていくこと」（答申）が必要である。学習評価を実り多いものにするために、カリキュラム・マネジメントを軸とした学校全体での取組が求められている。

解説 2.「妥当性」と「信頼性」

学習評価について、生徒や保護者から「先生は主観で評価していませんか？」と言われることがある。

「主観」の対義語は「客観」である。「評価は客観的でなければならない」ということが言われることもある。しかし、平成29年版にもその評価について示された報告（1.21）にも、学習評価について「客観性」という用語は用いられていない。

通常「客観性」という場合、それは数値化によって担保されている。しかし、子どもたちの学習の成果を数値にすることは必ずしも客観性を保証することにはならない。たとえば、数値化が容易であろうと考えられるペーパーテストにおいて、一題当たりの配点を何点にするのか、設問によって配点を変えるのか、といったことについて、客観的な根拠はない。「この内容は大切だから、単なる暗記よりも配点を重くする」というのなら、学習指導要領の示す資質・能力について、それは「単なる暗記」なのか、なぜ「この内容は大切」なのか、「客観」的な根拠を示すことはできない。たとえ結果が数値で示されるペーパーテストであっても、そこに求められるのは後述するように「妥当性」である。

さらに、学習評価には「信頼性」が求められる。学習評価が、「『子供たちにどういった力が身に付いたか』という学習の成果を的確に捉え、教員が指導の改善を図るとともに、子供たち自身が自らの学びを振り返って次の学びに向かうことができるようにするため」のものであるとすれば、評価に対して信頼がなければ、児童生徒や保護者が評価結果に納得し、それを手がかりにして、さらなる向上につなげていくことはできない。

学習評価の妥当性と信頼性については、平成20年版の評価について示された中央教育審議会の「児童生徒の学習評価の在り方について（報告）」（平成22年3月24日）において、次のように示されている。

> 各学校においては、組織的・計画的な取組を推進し、学習評価の妥当性、信頼性等を高めるよう努めることが重要である。

そして、「妥当性」について、次のような脚注を付している。

> 本報告においては、学習評価の「妥当性」は、評価結果が評価の対象である資質や能力を適切に反映しているものであることを示す概念として用いている。この「妥当性」を確保していくためには、評価結果と評価しようとした目標の間に関連性があること（学習評価が学習指導の目標（学習指導要領等）に対応するものとして行われていること）、評価方法が評価の対象である資質や能力を適切に把握するものとしてふさわしいものであること等が求められる。

これらのことを実現するために、各学校において、報告（1.21）にあるとおり、「評価規準や評価方法等を事前に教師同士で検討し明確化することや評価に関する実践事例を蓄積し共有していくこと、評価結果についての検討を通じて評価に関する教師の力量の向上を図ることや、教務主任や研究主任を中心に学年会や教科等部会等の校内組織を活用するなど」の組織的かつ計画的な取組が求められる。

実際の例

3.「指導に生かす評価と指導に生かすとともに記録して総括に用いる評価」と学習成績

中学校

（1）日常的な評価と記録する評価

　かつてスクリヴァンやブルームは教育評価について、「診断的評価」「形成的評価」「総括的評価」の３つに分類して説明した。また、国立教育政策研究所教育課程研究センターの『評価規準の作成，評価方法等の工夫改善のための参考資料』（平成 23 年 11 月）では、「授業改善のための評価は日常的に行われることが重要である。一方で、指導後の生徒の状況を記録するための評価を行う際には、単元等のある程度長い区切りの中で適切に設定した時期において「おおむね満足できる」状況等にあるかどうかを評価することが求められる」としている。さらに、答申では、「資質・能力のバランスのとれた学習評価を行っていくためには、指導と評価の一体化を図る中で、論述やレポートの作成、発表、グループでの話合い、作品の制作等といった多様な活動に取り組ませるパフォーマンス評価などを取り入れ（略）、多面的・多角的な評価を行っていくことが必要である。さらには、総括的な評価のみならず、一人一人の学びの多様性に応じて、学習の過程における形成的な評価を行い、子供たちの資質・能力がどのように伸びているかを、例えば、日々の記録やポートフォリオなどを通じて、子供たち自身が把握できるようにしていくことも考えられる」としている。

（2）形成的な評価と総括的な評価

　指導と評価の一体化を図るために、授業の中で一人一人の学びの多様性に応じて、学習の過程における形成的な評価を行いながら、評価資料を蓄積し、学期や学年というスパンで総括的な評価を行うことになるが、最終的に評価資料として蓄積していくものについても、日々の授業の中で形成的な評価を行い、児童生徒の資質・能力の育成を促していかなければならない。そのことなくして、単に「成績を付けるための評価資料の収集」を行うことは、「評価・評定のための評価」に陥ることになりかねない。

（3）児童生徒の成長を促す学習評価

　日常の授業において、児童生徒から「先生、これ成績に入るの？」という質問をされることがある。児童生徒にとっては切実な質問であると思われるが、このような質問がなされるということは、学習評価について指導者と児童生徒がきちんと理解していないことのあらわれであると言える。

　「成績に入らない」すなわち「学習の過程における形成的な評価」であっても、児童生徒にとってそれが自分自身の現在の学びをモニターし、自己の学習を調整して次の学びに生かすためのものであることが理解できれば、「成績に入らないならやらない」という発言は出てこないであろうし、報告（1.21）に「どのような方針によって評価を行うのかを事前に示し、共有しておくことは、評価の妥当性・信頼性を高める」とあるとおり、学校としての説明責任を果たすためにも、評価規準や評価の方法について児童生徒と共有しておくことが不可欠である。

個人内評価

解説 # 1.個人内評価とそのフィードバック

---

(1) 個人内評価の位置付け

報告（1.21）では、「個人内評価」について次のように位置付けている。

> 観点別学習状況の評価や評定には示しきれない児童生徒一人一人のよい点や可能性、進歩の状況については、「個人内評価」として実施するものとされている。

つまり、図1で示されているように、「個人内評価」は、「観点別学習状況の評価」や「評定」では児童生徒及びその保護者に対して示しきれない「児童生徒一人一人のよい点や可能性、進歩の状況」について示したり伝えたりするために行うものである。

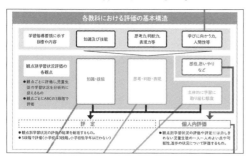

図1　国立教育政策研究所「学習評価の在り方ハンドブック『学習評価の基本構造』2019」からの抜粋

(2) 自身の変容に気付かせるための個人内評価

図1のように、「学びに向かう力、人間性」には「主体的に学習に取り組む態度」として学習状況を分析的に捉える観点別学習状況の評価を通じて評価することができる部分と、観点別評価や評定にはなじまない部分がある。こうした場面でこそ、個人内評価は有効に機能する。学習の過程（プロセス）において、児童生徒の「感性」や「思いやり」が発揮された場面を記録しておき、口頭や文面で説明や伝達をすることで、児童生徒に自身の学習に取り組む態度やその変容に気付かせ、より主体的に学習に取り組む態度の醸成につなぐことができる大切な場面となる。

(3) 学習者にとって励ましになる評価コメント・所見

学習の過程（プロセス）における、児童生徒一人一人の変容を評価し、蓄積するために、日々の授業で適切な機会を捉え、振り返りを書かせることも有効な方法である。また、児童生徒の変容や努力している点などについて、教師は、児童生徒を励まし進歩の状況を認め、児童生徒のよさを価値付けるコメントや所見を記すことが大切である。

(4) 観点別学習状況の評価を補完し各単元等で扱う資質・能力の育成に資する

このように個人内評価は、観点別学習状況の評価や評定には示しきれない部分を補完するものである。また、こうした小さな評価の積み重ねが、学習指導要領に示す目標や内容のうち、「学びに向かう力、人間性等」だけでなく、粘り強く、そして自らの学びを調整しながら取り組むことにつながり、結果として、各単元等において取り扱う資質・能力としての「知識及び技能」、「思考力・判断力・表現力等」の育成に資することにもなる。

解説

2. 特別支援学校及び特別支援学級における個に応じた評価

(1) 特別支援学校の教育における学習評価

特別支援学校においては、幼稚園、小学校、中学校又は高等学校に準ずる教育（以下、「準ずる教育」とする）を施すとともに、障害による学習上又は生活上の困難を改善・克服し自立を図るために必要な知識、技能、態度及び習慣を養うことが学校教育法で規定されている。これは、「準ずる教育」と、特別支援学校の教育課程において特別に設けられた指導領域である自立活動の指導を行うということである。また、知的障害者を教育する場合の各教科等の目標や内容については別に定められている。特別支援学校では個に応じた指導が基本であるが、「準ずる教育」課程における学習評価は、基本的には小・中学校、高等学校と同等である。それ以外の教育課程で学ぶ児童生徒や自立活動の評価については、個々の指導目標に対して、児童生徒の学習の状況を評価していく。なお、特別支援学級も以下を参考にすることが可能である。

(2) 自立活動の指導と評価

自立活動は、個々の児童生徒が自立を目指し、障害による学習上又は生活上の困難を主体的に改善・克服しようとする取組を促す教育活動であり、児童生徒の実態に基づいて指導目標が設定され、「個別の指導計画」が作成される。学習評価は、個々の指導目標に照らし児童生徒がどのように変容しているかを明らかにする。

(3) 知的障害者である児童生徒に対する教育を行う特別支援学校の各教科等の指導と評価

①教科別の指導と評価

知的障害者である児童生徒に対する教育を行う特別支援学校の各教科等については、学習指導要領改訂（平成29年、31年）により、育成を目指す資質・能力の三つの柱に基づき、各教科等の目標や内容が小学部3段階、中学部2段階、高等部2段階で示された。指導計画については、児童生徒のこれまでの学習状況や経験などを考慮し、どの段階の目標や内容を設定するのか決定し、具体的な指導目標と学習活動を設定した学習のまとまり（単元）を意識して作成する。そして、資質・能力をどの学習場面で育成、評価するのかを明確にし、観点別の評価規準を設定しておく。また、設定する際には、教師相互の情報共有により把握した児童生徒の認知の特性や表現方法から、目標を達成したと判断できる具体的な行動や表出を想定しておく。

②各教科等を合わせた指導と評価

知的障害者である児童生徒に対する教育を行う特別支援学校においては、指導形態の一つとして、生活単元学習や作業学習など各教科等を合わせた指導が行われている。知的障害者の特性から、生活に即した課題設定が必要とされるが、学習活動を体験することのみを目標としてはならない。目標を設定する際には、教科別の指導との関連を考慮しつつ、育成しようとしている各教科等における資質・能力を明確にし、評価規準を設定する。

⑤観点別学習状況の評価

解説 ## 1. 目標に準拠した評価

(1) 目標に準拠した評価とは

報告（1.21）では、学習評価について次のように整理している。

> 現在、各教科の評価については、学習状況を分析的に捉える「観点別学習状況の評価」と、これらを総括的に捉える「評定」の両方について、<u>学習指導要領に定める目標に準拠した評価として実施するものと</u>されており、観点別学習状況の評価や評定には示しきれない児童生徒一人一人のよい点や可能性、進歩の状況については、「個人内評価」として実施するものとされている。（下線は引用者）

「学習指導要領に定める目標」とは、つまり各編の「1 目標」、及び「2 内容」を根拠として、「知識・技能」「思考・判断・表現」「主体的に学習に取り組む態度」の観点ごとに設定した、各単元や題材における児童生徒に育成を目指す具体的な資質・能力のことであり、目標に準拠した評価とは、この目標と児童生徒一人一人の学習状況を照らし合わせて、その実現の状況を評価するものである。

(2) 評価規準の設定

育成を目指す資質・能力は、各単元等における言語活動（学習活動）を通して身に付ける。そして、各単元等で取り扱う資質・能力を、指導の成果として、児童生徒一人一人が身に付けられたかどうかを評価する際に、一つの指標となるものが評価規準である。

評価規準は、育成を目指す資質・能力を身に付けた「児童生徒の姿」として表す。そこで、平成29年版解説各編の「2. 内容」から選定した各単元や内容のまとまりで取り扱う事項の文末を「～している」とすることで、汎用的ではあるが、「児童生徒の姿」としての評価規準とすることができる。

(3) 単元の評価規準として指導する事項を学習活動で具体化する

育成を目指す資質・能力や取り扱う事項が同じ単元等でも、学習活動が異なれば、それが身に付いた具体の姿は異なったものとなる。

したがって、単元を構想したり指導の過程（プロセス）を作成したりする段階で、主に取り扱う事項が同じでも、単元ごとに異なる学習活動を設定し、単元ごとに異なる児童生徒の姿を、具体化された単元の評価規準として設定することが大切である。

(4) 評価規準と一人一人の学習状況を照らし合わせ分析的に評価する

こうして単元等ごとに設定された具体的な評価規準と、児童生徒一人一人の学習状況を照らし合わせ、適切な時期や場面で、適切な方法により評価して、評価規準を実現していないと評価した児童生徒には、必要な手立てを講じる必要がある。評価は値踏みをして終わるものではない。その後の必要に応じた手立てが大切である。それは個々の学習状況に応じて異なり、一律のものではない。だからこそ、児童生徒一人一人の学習状況を評価することは、児童生徒一人一人の学習を指導することと表裏の関係にあると言える。

2. 観点別学習状況の評価 ～指導要録の改訂に伴う変遷

解説

（1）1980（昭和55）年の指導要録（「観点別学習状況の評価」の導入）

観点別学習状況の評価は、1977（昭和52）年の学習指導要領を受けた1980（昭和55）年の指導要録において初めて取り入れられた。この時の観点はいずれの教科においても「関心・態度」の観点が最後に示されている。それまで「主観的」であるとして評価項目に載らなかった「関心・態度」が取り入れられたことは、当時の相対評価による数値としての評価だけでなく、情意面も重視した評価の必要性を表すものとして注目された。

（2）1991（平成3年）の指導要録（「関心・意欲・態度」の評価の重視）

1989（平成元）年の学習指導要領では「新しい学力観」が提示され、それに伴って改訂された1991（平成3年）の指導要録では、「関心・意欲・態度」「思考・判断」「技能・表現」「知識・理解」の4観点が提示された。一番初めに「関心・意欲・態度」が位置付けられたことは、その重要性を明示するものである。ただし、このことは、ペーパーテストによる評価が一般的だった当時、「評価の客観性・公正性・公平性」と関わって大きな問題となった。

（3）2001（平成13）年の指導要録（「目標に準拠した評価」への転換）

1998（平成10）年の学習指導要領では、「生きる力」を学力として定位した上で教育内容の厳選が図られるとともに、総合的な学習の時間が創設された。これに伴い、2001（平成13）年の指導要録では、学習指導要領の「2　内容」を評価規準とする「目標に準拠した評価（いわゆる絶対評価）」を位置付けるとともに、小中学校においては学年末に評価を総括し、評定とともに指導要録に記録することが義務付けられた。そもそも正規分布に基づく相対評価では、すべての児童生徒に資質・能力を育成する結果責任は果たせないのであり、「評価規準」という用語は、量的な面での評価を行う「評価基準」に対して、すなわち、学習指導要領の「目標」に基づく幅のある資質や能力の質的な面の育成の実現状況の評価を目指すという意味から用いられたものである。この改訂で評価の観点を、国語科を除いて「関心・意欲・態度」「思考・判断」「技能・表現」「知識・理解」を基本とする4観点に改めた。そして、指導に生かす評価の充実、すなわち「指導と評価の一体化」が求められるようになった。

（4）2010（平成22）年の指導要録（「目標に準拠した評価」の充実）

2008（平成20）年の学習指導要領の内容に合わせた2010（平成22）年の指導要録では、学校教育法第30条第2項に示された学力の重要な3つの要素を踏まえ、「知識・理解」「技能」「思考・判断・表現」「関心・意欲・態度」の4観点となった。また、この改訂から「（いわゆる絶対評価）」の語がなくなった。このことにより、目標に準拠した評価は、学習指導要領の内容を育成すべき資質・能力とし、その実現を図る評価であることがより明確になった。

3.「知識・技能」「思考・判断・表現」
　「主体的に学習に取り組む態度」
　の評価

中学校　技術

（1）「知識・技能」の評価

　技術・家庭科〔技術分野〕（以下、「技術科」）において、「知識・技能」についてはある程度ペーパーテストによる評価が可能であるが、「製作に必要な図をかき、安全・適切な動作や検査・点検等ができる技能」「安全・適切な栽培又は飼育、検査等ができる技能」「安全・適切な製作、実装、点検及び調整等ができる技能」「安全・適切なプログラムの製作、動作の確認及びデバック等ができる技能」については、製作・制作・育成といった学習活動を通して指導し評価する必要がある。したがって、授業において、実際に知識や技能を用いる場面を設け、それについて評価規準に照らして評価するなど、多様な方法を適切に取り入れていくことも考えられる。

　いずれにしても、単なる「知識の再生」の能力を評価するのではなく、生きて働く資質・能力としての「知識・技能」を評価することができるよう、指導と評価の一体化を図ることが大切である。

（2）「思考・判断・表現」の評価

　技術科における思考力、判断力、表現力等は、生活や社会の中から技術に関わる問題を見いだして課題を設定し、解決策を構想し、製作図等に表現し、試作等を通じて具体化し、実践を評価・改善するなど、課題を解決する力である。

　例えば、「A　材料と加工の技術」における、生活や社会を支える材料と加工の技術について調べる活動などをとおして、技術に込められた問題解決の工夫について考える学習では、学校図書館やインターネットを活用し、技術が生活の向上や産業の継承と発展に果たしている役割や、技術の進展と環境との関連について、自分が設定したテーマに沿って情報を収集し、自分の考えをまとめ、図1のようなフリップを作成して、グループでのプレゼンテーションを行う学習が考えられる。その過程で技術が生活の向上や産業の継承と発展に果たしている役割と、技術の進展と環境との関係について考えさせ、ワークシート等に記述させることにより、生徒の言語活動の具体を通して評価することが可能になる。

図1　フリップの例

　また、技術分野におけるグループでのプレゼンテーションという言語活動としては、「D　情報に関する技術」の学習との関連を図り、「A　材料と加工の技術」の学習で製作した成果物（本立てやマルチラック）をタブレット端末で撮影し、製作に当たって「うまくで

きたところ・工夫したところ」と「難しかったところ・改善したいところ」を説明するスライドをプレゼンテーションソフトウエアで作成し、グループでプレゼンテーションを行いながら製作を振り返る学習も考えられる。

　図2・図3は、この学習において、生徒が作成したスライドの一例である。

　このスライドを作成した生徒は、プレゼンテーション終了後の振り返りにおいて、「スライドを作成する際には、「説明しているマルチラックの部分を写真に撮り、どこを説明しているのかについて分かりやすくするよう心がけました。「改善したいところ」のスライドでは、私の場合「接着剤の跡が残ってしまった」というような部分的な失敗が多かったので、このようなものになりました。次にこのようなスライドを作る時に、たとえば「けがきの線が全体的に残ってしまった」ということを示すのであれば、部分的なところの写真をたくさん撮ってスライドに貼るのではなく、けがきの線が残っているのが見て分かるような、全体を撮影した写真を貼るよう

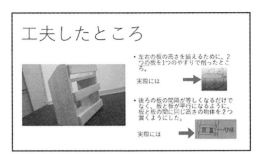

図2　スライドの例「工夫したところ」

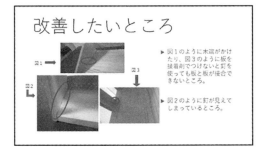

図3　スライドの例「改善したいところ」

にしようと思います。このように、説明したい内容に応じて適切に対応することが大事だと思うので、このことを次から生かしていきたいです」と記述している。教科等横断的な学習の中で技術分野の「情報の技術」におけるデジタルコンテンツの作成と、国語科の「話すこと・聞くこと」における機器を用いた発表の学習を関連付け、自らの学習を振り返る中で思考力・判断力・表現力を身に付けている。

　なお、平成29年版では「D 情報の技術」におけるデジタルコンテンツについては、プログラムの制作を通して学ぶこととなった。よって、プレゼンテーションソフトの利活用など情報活用能力の育成については、学校全体の教育課程に位置付けていくことが望まれる。

(3)「主体的に学習に取り組む態度」の評価

　「主体的に学習に取り組む態度」の評価に際しては、「粘り強い取組を行おうとする側面」と「自らの学習を調整しようとする側面」という二つの側面から評価する。

　具体的には、生徒が取り組む製作・制作・育成といった学習活動を教師が観察すること、学習の過程で生徒が身に付ける資質・能力を確認し、自らの進捗状況や今後の作業の見通し等を学習カード等に記述させ、それを評価規準に照らして評価すること等が考えられる。

(4) 他の校種、他の教科に生かす

　「主体的に学習に取り組む態度」について、題材や内容のまとまりの過程や終末において、生徒が自らの学習をモニターし、どのようにして、どのような資質・能力が身に付いたのかをメタ認知する機会としての振り返りを記述させ、それによって評価することは、他の教科等においても同様に行うことができる。

⑥ ペーパーテスト

解説 1.ペーパーテストの在り方

（1）ペーパーテストによる学習評価の妥当性と信頼性

　ペーパーテストは、学校におけるテスト、試験、考査のみならず入学試験や各種の学力調査、検定試験、資格試験等、幅広く実施され、大人数の資質・能力を効率的に評価するための有効な方法である。小学校のまとまりごとのテストや、中学校、高等学校では定期試験が実施されるなど、学習評価の方法として大きなウェイトを占めている。

　一方で、各教科で育成を目指す資質・能力には、ペーパーテストによって評価することが適切であるものと、そうでないものとがあることに留意することが大切である。全国学力・学習状況調査では、平成25年度実施問題から平成20年版の各内容について、調査問題を出題している。その中で平成31年度実施問題までに出題されていない内容もある。例えば、中学校国語において第1学年の事項である「音声の働きや仕組みについて関心をもち、理解を深めること」がそれである。アクセントやイントネーション等の音声についての能力は、ペーパーテストでの調査が難しいと言えるだろう。

　報告（1.21）では、「知識・技能」の評価の方法について、「ペーパーテストにおいて、事実的な知識の習得を問う問題と、知識の概念的な理解を問う問題とのバランスに配慮するなどの工夫改善を図る」ことを求めている。また、「思考・判断・表現」の評価の方法について、「ペーパーテストのみならず、論述やレポートの作成、発表、グループでの話合い、作品の作成や表現等の多様な活動を取り入れたり、それらを集めたポートフォリオを活用したりするなど評価方法を工夫すること」を求めている。「思考・判断・表現」の評価に際しては、パフォーマンス評価を適切に行うことが大切である。

　ペーパーテストの実施に際しては、児童生徒の資質・能力を適切に反映しているものであるという学習評価の妥当性や信頼性が確保されているかを確かめることが大切である。

（2）課題の解決や未知の状況への対応において資質・能力を発揮しているかを評価する

　平成31年度実施の全国学力・学習状況調査（国語、算数・数学）では、これまで「主として『知識』に関する問題」と「主として『活用』に関する問題」に区分されてきたのが見直され、調査問題が一体的に構成された。これは、新しい学習指導要領において再整理された資質・能力の三つの柱は相互に関係し合いながら育成されるものという考えに立ったものである。（『平成31年度 全国学力・学習状況調査 解説資料』）

　ペーパーテストによる学習評価では、評価対象とする資質・能力について、生きて働く「知識・技能」として習得しているかどうか、理解していること・できることを使って未知の状況にも対応できる「思考力・判断力・表現力等」として育成されているかを適切に判断できる問題を作成することが必要である。そのためには、実生活における場面や課題を設定し、児童生徒が課題解決の過程に寄り添う中で設問に答えていくようにするこ

とが有効である。

　ペーパーテストにおいて設定する場面や課題は、その内容を児童生徒が容易にイメージすることができるものとし、それまでの学習を通して身に付けた資質・能力を発揮することができるようにすることが大切である。

（3）資質・能力を適切に評価するための設問の在り方

　ペーパーテストの各設問は、児童生徒自身が、これまでの学習を通して身に付けたどのような資質・能力を発揮して設問に答えればよいかが分かるようにすることが望ましい。そのためには、何を答えればよいかが明確になるような簡潔な問いになっていること、提示される資料や条件が解答するために必要十分なものになっていることが必要である。

　また、児童生徒の誤答を想定し、選択式問題の選択肢、記述問題の条件を検討することで、一人一人が学習のどのような点につまず

いているか見えるようにすることも大切である。

（4）ペーパーテストの活用

　単元の終末や定期試験等の際にペーパーテストを実施することによって、児童生徒一人一人の学習の状況を評価するだけでなく、学級や学年等の集団としての傾向を見ることもできる。各学校の教育課程（または指導計画）や授業における学習指導の改善と充実のために PDCA サイクルの中にペーパーテストを適切に位置付け、各教科におけるカリキュラム・マネジメントを図っていくことが大切である。

　図1は、上述の（1）から（4）を「ペーパーテストにおける問題作成のポイント」として整理したものである。ペーパーテストを作成する際に参考にして、児童生徒の資質・能力を育成するような問題を作成してほしい。

ペーパーテストにおける問題作成のポイント

○　単元や題材等において、ペーパーテストで評価できる資質・能力を検討する。授業において、論述やレポートの作成、発表、グループでの話合い、作品の作成や　表現等の多様な活動を取り入れたり、それらを集めたポートフォリオを活用したりして、パフォーマンス評価を適切に行う。

○　活用することができる「知識」や「技能」として習得しているかどうかや、概念や法則など理解しているかどうかを問う。また、それらのバランスを配慮する。

○　授業において考えたり表現したりしたことを問うのは、理解の評価であろう。「思考・判断・表現」の問題では、身の回りの事象や実生活における新たな場面や未知の状況などに習得している「知識」や「技能」を活用して解決できることを問う。ただし、問題における場面や状況が、過度な発展的な内容にならないように注意する。

○　ペーパーテストの結果は、児童生徒の学習成績のためだけでなく、児童生徒へフィードバックし、学習の改善を促したり学習指導の改善に生かしたりして、各教科のカリキュラム・マネジメントに生かす。

図1　ペーパーテストにおける問題作成のポイント

2. 教科における資質・能力を評価し育成するためのペーパーテスト

中学校　理科

(1) 資質・能力を育成するために

　理科における資質・能力を育成するためには、日々の授業を通して科学的に探究する学習活動の充実を図るとともに、ペーパーテストにおいても、身に付けた資質・能力を引き出し、それを適切に評価できる問題の作成が望まれる。

　図1のペーパーテストは、平成29年版の理科第1分野「化学変化と原子・分子」において、理科における資質・能力として、単元「化学変化」を通して身に付けた知識・技能と、科学的に探究する力を評価し、その育成を図るために作成した問題の例である。

(2) 科学的に探究する力を評価する

　本問題は、化学カイロのしくみを科学的に探究してまとめた観察・実験レポートを通しての出題である。こうした実際の探究の場面を設定して問題を作成し、出題の形式を工夫することにより、身に付けた知識・技能の活用を促し、科学的に探究する力を引き出して評価することができる。

　各設問のポイントを表1に示す。例えば本問題の問3は、新たな問題を見いだして課題を設定する探究の場面を通して、課題を解決するための実験の計画を立案することができるかどうかを評価することをねらっている。

　また、探究の過程や観察・実験レポートの書き方を学ぶための教材として、本問題を指導に生かすことも考えられる。

(3) 他の校種、他の教科に生かすならば

　ペーパーテストにおいて、場面の設定や出題の形式等を工夫し、身に付けた知識・技能をどのように活用するかを問うことは、それぞれの教科等における資質・能力を適切に評価し、育成する有効な手立てになると考えられる。単元やそれぞれの本時の評価規準を踏まえつつ、学習のねらいや内容、児童生徒の発達の段階や実態などに即して作成し、導入するようにしたい。

表1　図1のペーパーテストにおける各設問のポイント

問1	単元や本時における「知識・技能」の評価規準に基づき、物質の化学変化を化学反応式で表すことができるかどうかを評価する。 【正答の例】　$4Fe$ ＋ $3O_2$ → $2Fe_2O_3$
問2	単元や本時における「思考・判断・表現」の評価規準に基づき、条件制御などの観察・実験に関する知識・技能を活用して、結果を分析して解釈し、表現することができるかどうかを評価する。 【正答の例】　あ－A　い－D　X－化学カイロが発熱するためになくてはならないものである 　　　　　　う－A　え－C　Y－化学カイロの最高温度を上げる働きがある 　　　　　　お－A　か－B　Z－化学カイロが最高温度を維持する時間を長くする働きがある
問3	単元や本時における「思考・判断・表現」の評価規準に基づき、条件制御などの観察・実験に関する知識・技能を活用して、課題を解決するための実験の計画を立案することができるかどうかを評価する。 【正答の条件】　① 鉄粉、水、食塩の質量を変えずに、活性炭の質量だけを変えていること。 　　　　　　　② 活性炭の質量を「段階的に」変えていること。

太郎さんは、化学カイロについて、科学的に探究して観察・実験レポートにまとめました。次は、その一部である。あとの問いに答えなさい。

観察・実験レポート

【問題の発見】

鉄が酸素と化合して酸化鉄ができるとき、発熱することを学んだ。この化学変化を利用した「化学カイロ」について調べた結果、鉄粉以外に、水、活性炭、食塩も入っていることがわかった。化学カイロに鉄粉以外の原材料が入っている理由について興味をもったため、次の課題を設定し、各原材料の働きを調べることにした。

【課題】

化学カイロが発熱するとき、水、活性炭、食塩がそれぞれどのような働きをしているのかを調べる。

【実験】

① A～Dの4つのビーカーそれぞれに、各原材料を右の表のように入れ、よくかき混ぜる。

② 混ぜた材料に温度計を差して30秒ごとに温度を測定する。

	鉄粉	水	活性炭	食塩
A	10g	20g	5g	1g
B	10g	20g	5g	なし
C	10g	20g	なし	1g
D	10g	なし	5g	1g

【結果】

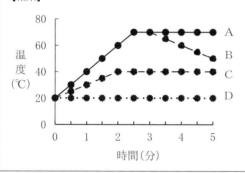

【考察】

| あ | と | い | の結果を比較すると、

水　は | X | と考えられる。

| う | と | え | の結果を比較すると、

活性炭は | Y | と考えられる。

| お | と | か | の結果を比較すると、

食塩　は | Z | と考えられる。

問1　下線部の化学変化を、化学反応式で表しなさい。ただし、酸化鉄の化学式を Fe_2O_3 とする。

問2　【考察】の あ ～ か にあてはまるアルファベットをA～Dからそれぞれ1つ選んで答えなさい。同じアルファベットを何度選んでもよい。また、 X ～ Z にあてはまる文章を書きなさい。

観察・実験レポートの続き

【新たな問題の発見】

活性炭の量を変えると、もっと温度は高くなるのだろうか。

【課題2】

活性炭の質量と温度の変化との関係を調べる。

【実験2】

① A～Dの4つのビーカーそれぞれに、各原材料を右の表のように入れ、よくかき混ぜる。

② 混ぜた材料に温度計を差して30秒ごとに温度を測定する。

	鉄粉	水	活性炭	食塩
A	10g	20g	5g	1g
B				
C				
D				

問3　太郎さんは、化学カイロについて新たな問題を見いだし、【課題2】を設定しました。そして、課題を解決するために【実験2】の計画を立てました。【実験2】の表に適する数字を書きなさい。

図1　理科における資質・能力を評価し育成するペーパーテストの例

1. パフォーマンス評価

(1) 多様な評価方法

　育成すべき資質・能力について妥当性・信頼性のある学習評価を行うためには、指導と評価の一体化を図る中で、論述やレポートの作成、発表、グループでの話合い、作品の制作等といった多様な活動に取り組ませるパフォーマンス評価などを取り入れ、多面的・多角的な評価を行っていくことが必要である。児童生徒の学びの深まりを把握するために、現在も多様な評価方法の研究や取組が行われている。

(2) パフォーマンス評価とは

　パフォーマンス評価とは、知識や技能を活用することを求めるような評価方法の総称であり、「選択回答式（客観テスト）の問題」以外の評価方法を指すこともある。具体的には、作文やレポート、展示物等の成果物や、スピーチやプレゼンテーションであり、協働での問題の解決、実験の技能等の狭義のパフォーマンスや、観察・実験等などを通しての課題の解決等の広義のパフォーマンスを評価する。

(3) 評価規準の設定

　評価規準を設定するに当たっては、育成する資質・能力を示した学習指導要領における目標や内容に基づき、学習活動に即して具体的な姿を記述する。そして、どの活動を通して、どのような方法で、どのような評価規準で評価するかを事前に被評価者であり学習の主体である児童生徒にあらかじめ示すことで、児童生徒にとって、単元や題材における

学習活動と育成する資質・能力がより明確なものになる。

(4) パフォーマンス評価の実際

　実際の評価に当たっては、それが成果物であれ、実技等であれ、まずは評価規準（B）を実現しているか否かを確認する。その際、可能な限り複数の教員で評価に当たり、Bよりも優れていると評価されるパフォーマンスについてはその状況の特徴を記述しておく。そうすることにより、「Bと評価するのか、Aと評価するのか」について、より妥当性・信頼性のある評価を行うことができる。多くのパフォーマンス（成果物）についてこのように評価を行えば、例えば「A、B、C、D、E」というような5段階で個々のパフォーマンスを評価することも可能であるが、無理に5段階で評価するよりは、1回の評価は「評価規準（B）を実現しているか、更に優れているか（A）、努力を要するか（C）」の3段階で評価し、年間指導計画に基づいて数多くのパフォーマンスを行ってそれを蓄積していく方が、無理なく、より妥当性・信頼性のある評価を行うことができる。

　このような学習評価を行うことに対して負担を感じる教員もいると思われるが、学習評価の方法や評価規準について、これまで以上に協働と共有を進めることで教師一人当たりの量的・時間的・精神的な負担の軽減につなげることができる。「働き方改革」が言われる現在、学習評価についても「チーム学校」で取り組んでいくことが大切である。

解説 **2. ポートフォリオ評価**

(1) 自己評価を促すとともに学習活動と教育活動を評価する

　「ポートフォリオ」とは、「紙入れ」「札入れ」を意味するイタリア語 portafoglio に由来し、元来「かばん」「書類ケース」「ファイルフォルダ」を意味する。学習指導や学習評価の文脈でこの語が用いられる場合は、通常、学習の過程や成果を示す多様な子どもの成果物と自己評価及び教師の指導と評価の記録を蓄積したもの、そして、蓄積した成果物を並び替えたり取捨選択したりして、系統的に整理したものを指す。このポートフォリオを用いた評価について、答申では次のように説明している。

　　また、資質・能力のバランスのとれた学習評価を行っていくためには、（中略）、総括的な評価のみならず、一人一人の学びの多様性に応じて、学習の過程における形成的な評価を行い、子供たちの資質・能力がどのように伸びているかを、例えば、日々の記録やポートフォリオなどを通じて、子供たち自身が把握できるようにしていくことも考えられる。

　すなわち、ポートフォリオによる評価は、ポートフォリオを作成により児童生徒の自己評価を促すとともに、教師が児童生徒の学習活動と自らの教育活動を評価するアプローチであると言える。

(2) 作成したポートフォリオを指導及び学習の改善と充実に生かす

　ポートフォリオの作成に当たっては、最初にポートフォリオ作成の目的や意義について説明し、児童生徒自身が納得して主体的に取り組むことができるようにする。

　ポートフォリオ評価は、現在多くの学校で総合的な学習の時間の評価に用いられることが多いが、報告（1.21）に「ペーパーテストのみならず、論述やレポートの作成、発表、グループでの話合い、作品の制作や表現等の多様な活動を取り入れたり、それらを集めたポートフォリオを活用したりするなど評価方法を工夫することが考えられる」とあるように、各教科のおける「思考・判断・表現」の評価資料としても有用であると考えられる。その際、各教科の学習で使用するノート、ワークシート、成果物等の大きさを統一し、パンチ穴をあけておくなど、それぞれの資料をポートフォリオへの蓄積を容易にするような工夫が大切である。

　ポートフォリオを作成する過程では、ポートフォリオを用いて教師と子どもが話し合う場である検討会を設定する。そこでは、対話の中で児童生徒の自己評価と教師による評価を突き合わせ、両者が納得しうる次の課題を設定する。学校における検討会は、各教科の授業の中で行うほか、学期末の面談の機会に「教科面談」の形で行ったり、学習発表会等の場面で行ったりすることも考えられる。この場合は、保護者の参加を求めることも可能となり、学校としての説明責任を果たす場ともなる。

3. 成果物による評価

（1）3観点による観点別学習状況の評価

　平成29年版に基づく観点別学習状況の評価は「知識及び技能」「思考力・判断力・表現力」「主体的に学習に取り組む態度」の3観点で行うことになっており、国語科においては、これまでは領域別の観点として示されていた「話す・聞く能力」「書く能力」「読む能力」は「思考力・判断力・表現力」として位置付けられることとなった。

　平成29年版における国語科の目標では、「言語活動を通して、国語で正確に理解し適切に表現する資質・能力を（中略）育成する」ことが明記されている。指導と評価の一体化を図り適切に学習評価を行うため、従前にもまして言語活動を中核とした単元づくりが求められる。

（2）国語科におけるパフォーマンス評価

　「パフォーマンス評価」ということで考えた場合、多くの国語教師は、「話すこと・聞くこと」におけるスピーチやプレゼンテーションのような言語活動については、まさに個人の「パフォーマンス」であるので分かりやすいと思われるが、「話合い」の言語活動については、その活動における各生徒の役割が異なる場合があり、なおかつそれらが同時進行するので、評価を行うことが難しいという声をよく聞く。また、「書くこと」の学習において、特に1600～2000字程度の「作文」の場合、それをいかに評価するのか、悩む場合が多く見受けられる。さらに、「知識・技能」における「書写」の成果物については技能の評価であり、狭義のパフォーマン

ス評価であると言える。

　多くの学校では国語科についても定期テストを実施しているが、いわゆるペーパーテストにおける客観テスト（○×、選択、正答の記述）で評価することが可能なのは「言語についての知識・理解」を中心とした一部の資質・能力に過ぎず、定期テストにおいていわゆる「記述式」の解答を求めた場合は、「作文」と同様のパフォーマンス評価を行うスキルが教師には求められることになる。

（3）パフォーマンス評価の具体的な方法

　国語科におけるパフォーマンス評価の方法として、次のような方法が考えられる。

①　当該教科におけるある単元の学習活動（言語活動）を取り上げ、その学習において身に付ける資質・能力としての学習指導要領の内容（指導事項）を全員が理解・共有するために、成果物を提供した教員（教科担任）は、児童生徒に説明することを念頭に置いて、参加している教員に対して当該成果物についての評価規準（B規準）を「児童生徒が理解することができるように」説明する。

②　3～4人のグループになり、当該成果物をABCの3段階で評価する。すなわち、①で説明された評価規準が実現していれば概ね満足の「B」とし、A及びCについても評価する。各参加者（評価者）は、自分が評価した結果（A／B／C）及びその理由（評価規準に照らしてなぜA／B／

C）を大きめの付箋に記入し、お互いの評価結果が分からないように成果物の裏に貼る。

③　すべての成果物についてグループの全員の評価が終わったら、付箋紙を表に貼り直し、検討・議論してグループとしての評価を決める。その際、それぞれの成果物の特徴（評価した理由）について話し合い、共有する。

④　いくつかのグループでこの演習を行っている場合は、各グループの評価結果を全体で共有するとともに、実際に授業を行い評価した成果物である場合は、成果物を提供した教員（教科担任）も含め、全員で当該成果物の評価について検討し考え方を共有する。

③の段階において、評価規準（B規準）を中心とし、Bを上回るパフォーマンスを示す成果物の特徴と、Bを実現していない成果物について「どのように改善すればよいか」を記述語として表等にまとめておくと、成果物を生徒に返却し次の学習に向けての指導を行う際に有用である。また、生徒や保護者から評価についての説明を求められた際の説明資料としても有効なものとなる。

規模の大きい（1学年のクラス数が多い）学校では、1つの学年を複数の教員で担当する場合がある。そのような場合に、無作為に抽出したいくつかの成果物（概ね10程度）についてこの方法を行うことで、各担当者の評価の「ゆれ」を防ぎ、あくまで評価規準に基づいた評価を行うことが可能になる。

（4）成果物をポートフォリオにする

児童生徒はともすると、学習を終えた後その成果物であるノートやワークシート（さらには定期テストの問題用紙や解答用紙）を「もう必要ない」として捨てたりしまいこんだりしてしまいがちである。しかし、学びの過程（プロセス）に着目し、学習評価を次の学習に生かすという視点から考えると、そういった成果物は児童生徒にとっても指導者にとっても「宝の山」であるとも言える。

指導者は通常年度当初の「授業開き」の際に、ノートやプリント類の保管方法等について指導する。その際、それらの成果物をポートフォリオとして自らの学習に生かすことの意味や効果について十分説明することが大切である。そして、いわゆる「ノート提出」を行わせる際は、それらのポートフォリオ全体を評価することにより、児童生徒一人一人の学びのプロセスを可視化することが可能となり、それらを「主体的に学習に取り組む態度」の評価資料としたり、児童生徒に対するフィードバックや学習方法のアドバイスに活用したりすることができる。

そのためには、授業で配付するワークシートや定期テストの問題用紙・解答用紙のサイズを統一することや、あらかじめパンチ穴をあけておくこと等が有効である。

（5）学校としての評価

教員はよく「私の授業」「うちのクラス」というような言い方をしがちである。それは、「『自分が担当する授業や担任するクラスに対し責任をもって指導に当たる』という決意を表明する」という文脈において用いられるのであればともかく、学校における授業や学級経営はすべて校長の責任において、学校全体のカリキュラム・マネジメントの中で行われるものであることを忘れてはならない。学習評価においてもまた然りである。

4. 物理基礎における パフォーマンス評価

(1) 物理基礎における資質・能力の育成

　平成29年版における物理基礎の目標には「日常生活や社会との関連を図りながら、物体の運動と様々なエネルギーについて理解する」とある。そこで、日常生活等の自然事象に習得した知識を活用して、科学的な概念を更新していくような授業を行うことが大切であり、パフォーマンス評価が有効と考えられる。

(2) 物理基礎におけるパフォーマンス 評価の例

①単元について

　物理基礎の「運動とエネルギー」における「力学的エネルギーの保存」を単元として、パフォーマンス評価を行う。

　「力学的エネルギーの保存」については中学校3年で学んでいる。高等学校の物理基礎では、力学的エネルギーの保存だけでなく、保存されてない際のエネルギーを定量的に捉えるため、表1のような単元が考えられる。

表1　単元「力学的エネルギーの保存」の指導計画

時	○◎評価規準 （評価の観点）	・学習活動
1 時	○力学的エネルギーの規則性や関係性を理解し、エネルギーが保存されることを数量化して捉えている。（知識・技能）	・垂直落下する物体を使用して、落下開始と落下直前で力学的エネルギーが保存されることを数量化して捉える。
2 時	○力学的エネルギー保存則からジェットコースターの最高速度を算出して実際の最高速度と比較し、その差の原因を考え説明している。（思考・判断・表現）	・実在する世界のジェットコースターの最高速度を計算し、実際の速度との比較をして、その差の原因を考え説明する。
3 時	◎力学的エネルギーが保存しないときの事物・現象を、習得している知識を活用して説明している。（思考・判断・表現） ○理科で学んだことが日常生活等における自然事象に生かすことができることを実感している。（主体的に学習に取り組む態度）	・最高速度の差が大きく生じたジェットコースターを用いて、なぜ一つのジェットコースターだけが大きな差が生じたのかを考え、その原因を説明する。

②主に思考・判断・表現の指導と評価のために

　生徒の思考・判断・表現をより促進するために図1と図2のような探究シート1・2を用いる。図における吹き出しは、【生徒の活動】【教師の意図】に関して記載している。

　探究シート1は主に指導に生かす評価に利用する。生徒は④の結果から、速度に差が生じた原因について説明する。その説明を評価し指導に生かす。

　探究シート2は、指導に生かすとともに記録して総括に用いる評価に利用する。生徒は⑥において結論を「エネルギー」「摩擦」という2つの言葉を使用して書き、何人かは発表する。総括的な評価としては、結論の記述を分析する。2つの言葉を使用して説明していれば「おおむね満足できる」、2つの言葉を使用し、かつ分かりやすかったり根拠を明確に論理的に表したりして説明できていれば「十分に満足できる」と判断する。

　このように日常生活等の自然事象に理科の知識や技能を活用し科学的な概念を基に考えたり説明したりする学習活動を実践していくことで、理科の有用性を実感できるようにして理科を主体的に学べる態度を育成することが大切である。

問　今回は速度の速いほど怖いジェットコースターと定義する。下の表から必要な情報を用いて、以下の5つのジェットコースター中で怖いランキングを考えよ。重力加速度は 9.80 m/s² とする。

	ジェットコースター	落差（m）	乗車人数（人）× 人の体重(60kg)
1	A	16.0 m	8 人×60kg
2	B	127 m	?
3	C	93.5 m	28 人×60kg
4	D	67.0 m	?
5	E	70.0 m	?

予想した最高速度ランキング

1，＿＿＿＿　2，＿＿＿＿　3，＿＿＿＿　4，＿＿＿＿　5，＿＿＿＿

自分が計算するジェットコースター（　　　）　計算結果（　　　km/h）

計算スペース

班で求めた最高速度ランキング

1，＿＿＿＿　2，＿＿＿＿　3，＿＿＿＿　4，＿＿＿＿　5，＿＿＿＿

（　　km/h）（　　km/h）（　　km/h）（　　km/h）（　　km/h）

実際の最高速度ランキング

1，＿＿＿＿　2，＿＿＿＿　3，＿＿＿＿　4，＿＿＿＿　5，＿＿＿＿

（　　km/h）（　　km/h）（　　km/h）（　　km/h）（　　km/h）

①【生徒の活動】
表の情報から最高速度ランキングを予想する。
【教師の意図】
自分の予想ランキングと後に作成する班で求めたランキングを比較させ、生徒が身近な自然事象に対して適当な考察をできていたのかをメタ認知させる。

②【生徒の活動】
班は4～5人で構成する。班の中で担当する1つのジェットコースターの最高速度を求める。
【教師の意図】
自分一人で最高速度を求められるのかをメタ認知させる。

③【生徒の活動】
班で計算結果を共有し、最高速度ランキングを作成する。
【教師の意図】
班で一つのランキングを作成させ、他者と一つのものを作るよさに気付かせる。

④【生徒の活動】
実際に公表されているジェットコースターの速度を発表し、その差について考え、すべてに差が生じた原因を発表する（B 以外のジェットコースターの最高速度の差は約 1～8km/h だが、Bに関しては約 27km/h も生じる）。
【教師の意図】
実際にあるジェットコースターの速度と理論値の速度の違いから、その差の要因を考えさせる。

図1　探究シート1（2時で使用）

問　右図は「B」のイメージ図である。最高速度に達するのは A～C のうちどこにあたるか？
理由も踏まえて答えよ。今回は、A と C の高さは等しいとする。

予想（自分の考え）

自分の答え＿＿＿＿

図 1　使用した B の簡単な図

予想2（班でまとまった考え）

班の答え＿＿＿＿

結論（最高速度の位置について「エネルギー」・「摩擦」という言葉を使用して説明せよ）

⑤【生徒の活動】
班の人の考えを共有し、班で考えた結論を記載する。
【教師の意図】
自分の考えと他者の考えを比較させることで、広い視野をもたせる。

※予想と結論を比較できるようにしている。

⑥【生徒の活動】
実際の B のジェットコースターの映像を観察して、最高速度の位置を知る。結論を探究シートに書き発表する。
【教師の意図】
この学習を通しての考察から結論として説明することで概念を更新させる。

図2　探究シート2（3時で使用）

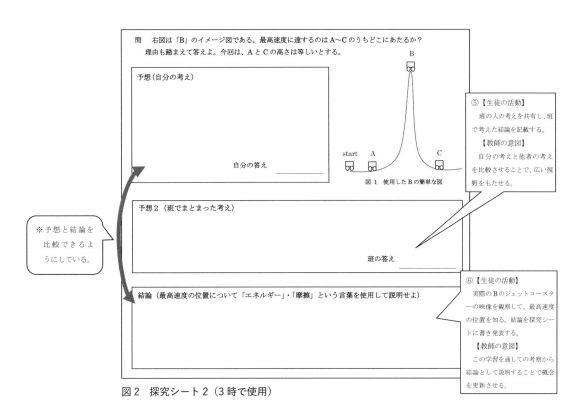

5. 一斉指導の中で、一人一人の技能の習得を図るための指導と評価の一体化

小学校　家庭科

(1)「知識・技能」をどのように評価するか

　家庭科では、「生活の営みに係る見方・考え方」を働かせながら、実践的・体験的な活動を通して、生活をよりよくしようと工夫する資質・能力を育成することを目指している。今回の改訂では、これまで別の観点で評価していた「知識・理解」と「技能」とを、「知識・技能」として評価していくことから、児童の実態に応じながら衣食住に必要な基礎的・基本的な知識及び技能を身に付けているかを評価することが必要となる。

　そのためには、一題材の中に複数回の実習を設定する等、児童の実態に応じて指導と評価の計画を適切に立てる必要がある。特に調理や製作を扱う題材では、指導に生かす評価として、児童の習得の状況を確認する機会を設定し、個に応じた指導及び支援を適切に行った上で、指導と評価の一体化の結果として記録に残す評価の機会を設定するなど、評価方法や評価の時期を工夫するとともに、授業改善を図っていかなければならない。

(2)「実技」を評価する手立ての工夫

　一人一人の技能の習得の状況を把握し、指導に生かすためには、実習等においても個で作業する時間をしっかり確保することが大切である。

　ここでは、「みそ汁の調理」において、油揚げや長ねぎを適切な切り方や幅で切ることができたかについて評価する実技テストの具体例について説明する。題材の中で、2回みそ汁を調理する場面を設定し、その1回目の調理実習において、指導に生かすための実技テストを実施する。

　まず教師は、児童が包丁で切った材料の一部を小皿に載せるよう伝え、小皿を調理台の中央に置くよう指示する。次に、児童がみそ汁のだしをとっている間に、教師は調理台の小皿を確認し、「努力を要する状況」と判断される児童の把握に努める。その後、児童は通常どおりみそ汁を調理するが、油揚げと長ねぎを2～3つずつ残すよう伝え、実習後の学習活動としての自己評価で活用できるようにする。図1のように、切り方見本と自分が切った油揚げ、長ねぎとを比べるとともに、試食で感じた印象を語り合う場面を設定する等、充実した振り返りを行い、調理の目的や材料に応じて適切な切り方があることを実感できるようにする。

　2回目のみそ汁の調理実習においては、自分の課題に児童一人一人が向き合いながら、じっくり課題解決を図ることができるようにする。実技テストで「努力を要する状況」と判断される児童に対しては、調理を開始する前に教師とともに課題解決の見通しをもったり、調理中に教師が適切にアドバイスしたりするなどの手立てを講じ、児童が自信をもって調理に臨む学習環境を整え、できるようになった実感を引き出すことが大切である。

図1　実習後、切り方見本と照らし合わせて学習活動としての自己評価を行う児童の姿

実際の例

6. ポートフォリオから学習の過程（プロセス）を評価する

高校　総合的な探究の時間

（1）事前学習の段階から記録する

　内容の規定がない総合的な探究の時間においては、授業の目標を明確にして事前学習を十分に行うことが有効である。事前の取組の中からも生徒は多くの気付きが得られ、単元に関する興味・関心を高めることができると期待できる。ポートフォリオを作成することで、この段階での学習成果を正確に記録し、生徒自らが意識することができるようにする。単元を学習する前と後の自分の資質・能力の変容を客観的にとらえるためには、いわゆる「成果物」だけをポートフォリオとして扱うのは適当ではない。

（2）総合的な探究の時間の単元を通して

　総合的な探究の時間では、成果物だけを評価して終わってしまうことのないようにしなければならない。その単元を通して生徒の努力の過程を記録し、生徒自ら自分の成長を知ることが大切である。ポートフォリオ評価では、総合的な探究の時間の単元を通して時間を追ってファイリングしていくことで、「前回はここまでできたけれど、今日はこんなにできている」というように、自分を肯定的に見ることができる。これにより自分がどのように進歩したり成長したりしたかを知ることができるため、自分自身をメタ認知することができるようになる。

（3）日常の活動をポートフォリオにする

　ポートフォリオには様々な定義が存在し、授業に取り入れようとしてもなかなか実現できないことが多い。そこで元のポートフォリオには、とりあえず時系列に何でも入れて保存させてみではどうだろうか。その後、取捨選択したり文脈を再構成したりしてポートフォリオを再構成する作業を行う。作業は生徒自身が行うことで、自己の進歩や成長を確認することができる。本人には、新しくできるようになった技能、新しい視点、新たに形成された概念などが見えるであろう。このようなポートフォリオの再構築は、自己評価の繰り返しにほかならない。教員はこの生徒の作業過程を常に評価し、生徒のよいところを一緒に見つける。この評価の回数は多いほうがよいのだが、学校の実情を考えると、単元ごとか少なくとも学期ごとに行うのが現実的であり適当だと考えられる。

日常の学習活動⇒元のポートフォリオ

レポート、作文、図表、発表を記録したメディア（写真、絵、ビデオ）事前学習の資料（アイディアメモや、資料、下書き）、活動の計画や反省、etc..

蓄積・取捨選択・整理

ポートフォリオによる評価
生徒によるポートフォリオの再構成・再構築から、教員によるパフォーマンス評価を行う。また、ポートフォリオを通して生徒と教師が話し合う場として、ポートフォリオ・カンファレンス（検討会）を行い、生徒と教員による評価から、その後の学習と指導の改善と充実を図る。

図1　ポートフォリオ評価の流れ

8 生徒へのフィードバック

（解説） 1. 指導要録と「通知表」

（1）指導要録

　指導要録は、学校教育法施行規則第24条で作成が定められている表簿で、児童生徒の学籍並びに指導の過程及び結果の要約を記録し、その後の指導に役立たせるとともに、外部に対する証明等の際の原簿となるものである。また、同規則第28条において、「学籍に関する記録」は20年間、「指導に関する記録」は5年間保存することが義務付けられている。

　指導要録の様式等は、学習指導要領の改訂に伴って改訂され、今回は8回目の改訂となる。今回の改訂に向けて、「答申」では、「観点別評価については、目標に準拠した評価の実質化や、教科・校種を超えた共通理解に基づく組織的な取組を促す観点から、小・中・高等学校の各教科を通じて、『知識・技能』『思考・判断・表現』『主体的に学習に取り組む態度』の3観点に整理することとし、指導要録の様式を改善することが必要」とされ、通知（3.29）において参考様式が示され、学校の設置者である各自治体の教育委員会において様式等の検討が行われている。

　また、報告（1.21）では、「教師の勤務実態などを踏まえ、指導要録のうち指導に関する記録については大幅に簡素化し、学習評価の結果を教師が自らの指導の改善や児童生徒の学習の改善につなげることに重点を置くこととする」とし、「文章記述により記載される事項は、児童生徒本人や保護者に適切に伝えられることで初めて児童生徒の学習の改善に生かされるものであり、日常の指導の場面で、評価についてのフィードバックを行う機会を充実させるとともに、通知表や面談など

の機会を通して、保護者との間でも評価に関する情報共有を充実させることが重要である。これに伴い、指導要録における文章記述欄については、（中略）必要最小限のものにとどめる」としている。したがって、今後、指導要録における文章記述はいっそう簡素化され、必要最小限の内容となる。

（2）通知表

　一方、通知表について「児童生徒の学習評価の在り方について（報告）（平成22年）」では、「評価に関する情報をより積極的に提供し保護者や児童生徒の理解を進めることが重要である」とし、特に，通信簿は，学校から保護者に児童生徒の学習状況を伝えるとともに，今後の指導方針を共有する上で重要な役割を果たしている。（中略）通信簿が児童生徒の学習の過程や成果，一人一人の進歩の状況などを適切に示し，その後の学習を支援することに役立てられるものとなることが重要である。このため，通信簿は，学校から児童生徒の学習状況を伝えることに加え，保護者や児童生徒の考えも伝えられるものとするなど，情報を共有する手段として記載内容や記載方法，様式などを改善充実することが求められる」としている。

　学習評価に対する社会的関心の高まりから、通知表の誤記載等に関して学校に対して厳しい目が向けられていることから、通知表についても記述は必要最小限とし、児童生徒に適切に情報を伝えるためには面談等の機会を活用する等の傾向も見られるようになっている。

| 実際の例 | **2.「通知表」と「面談」の工夫** | 中学校 |

（1）「通知表」の工夫

　通知表（「通信簿」「連絡票」「あゆみ」等学校によって呼称は様々であるが、ここでは「通知表」とする）について、文部科学省のwebサイト「確かな学力」では、「通信簿（通知表）は、各学校において、子ども自身や保護者に学習状況を伝え、その後の学習を支援することに役立たせるために作成されているものであり、その扱い、記載内容や方法、様式などは各学校の判断で適宜工夫されています」としており、学校と家庭とが情報を共有する手段として記載内容や記載方法、様式などを改善充実することが求められている。

　かつては、B4やA3サイズのやや厚手の用紙を二つ折りまたは三つ折りにし、外側は児童生徒の氏名や学校名・学校教育目標等を記載した表紙と通知表に記載する内容の説明等を記載した裏表紙、内側に観点別学習状況の評価と評定、総合的な学習の時間や学校行事、生徒会活動及び学習や生活の記録（いわゆる「所見」）を記したものが多かったが、近年各学校では通知表の様式等の工夫が行われ、例えば、各教科等の学びを1枚にまとめたものをファイルに綴じる形式の「ポートフォリオ型通知表」等の様式を開発した学校もある。

（2）「面談」の工夫

　多くの学校で主に長期休業前の時期に面談が実施されている。そこでは、児童生徒と保護者あるいは保護者が学級担任と面談し、学習や生活について当該学期の取組の状況を振り返りながら今後の目標や改善策を共有する。また、卒業の学年においては別に進路面談が設定されることもある。

　しかし、特に教科担任制をとる中学校や高校においては、面談の際に学級担任が生徒の各教科の学習の状況について十分な情報を把握しておらず、生活面の話題が中心となりがちで、生徒や保護者に対して学習評価に関する情報を積極的に提供し、保護者や生徒の理解を進める機会に十分なり得ていない状況が見受けられる。保護者との面談の事前には、所定の表簿だけでなく各教科担任と学級担任に個々の生徒の学習の状況についての情報を共有する方法を工夫し、面談に臨む学級担任に十分な情報を伝えることが必要である。また、保護者に伝える個々の生徒の学習状況については、通知表にも記載される観点別学習状況の評価や評定だけでなく、家庭学習の反映である宿題・提出物への取組や、学習方法のアドバイス等を伝えることのできるシステムを構築することが望ましい。

　そのため、児童生徒や保護者が学習について教科担任に直接質問をすることができる「教科面談」の機会を設定している学校がある。児童生徒や保護者が学習の成果であるノートやポートフォリオ、定期テスト等を持参し、教科担任とともにそれらに基づいたカンファレンスを行うことにより、学習を振り返り次の学習に生かす「学習評価」の実践の機会とすることが可能となる。さらに、年度の当初に児童生徒・保護者と学級担任や教科担任が面談を行い、協働して目標設定を行ったり、学習計画を立案したりすることも考えられる。

⑨授業評価と学校評価

1. 授業評価と学校評価

(1)「成績を付ける」という感覚からの脱却から

「成績を付ける」、「成績を出す」……。学期末が近づくにつれ、職員室の日常会話の中で普通に飛び交うようになる言葉である。成績をつけて厚紙見開きの通知表に転記し、終業式に一人一人の児童生徒に賑々しく手渡し（"授与"といってもよいかもしれない）、保護者に押印を求める……。このような光景が今もあちこちの学校で見られるのではないだろうか。このような光景からは、「成績を付ける」という表現自体が、「値を付ける」のように一方向的であるだけでなく、上から目線の感覚を伴う行為からくるものであることがうかがえる。

このように、普段何気なく用いている言葉の背景には、我々がこれまで知らぬ間にとらわれていた呪縛がある。成績は学習の状況を見定めて「付ける」ものであり、つけて通知表で申し渡し、ほっとして長期休業に入る。3学期制の学校ではこれが風物詩のようになっているかもしれない。

学習評価の改善やそれに基づく授業評価に当たっては、このような呪縛や先入観からの自己解放、意識の転換を図ることから始める必要がある。

(2) 学習評価を指導改善につなげる

通知（3.29）においても「学習評価について指摘されている課題」として「学期末や学年末などの事後での評価に終始してしまうことが多く、評価の結果が児童生徒の具体的な学習改善につながっていない」ことを挙げて

いる。「学習と評価の一体化」が図られないばかりでなく、それを実現させるための「指導と評価の一体化」も図られていない実態があるのではないだろうか。このため、通知（3.29）では「学習評価を真に意味のあるものとすることが重要である」とした上で改めて、「【2】 教師の指導改善につながるものにしていくこと」を、学習評価の改善と充実の基本的な方向性の一つに挙げている。

(3) 指導の改善に付けられた成績

学習評価の営みの1つである成績は児童生徒にではなく、教師自身の指導の在り方に「付けられた」ものに他ならない。指導の結果、おおむね満足できないと判断できるならば、それは指導者の指導の結果であることを自覚することが求められる。

(4) 授業評価の基本設定

平成29年版解説総則編（pp.77-78）に「主体的・対話的で深い学びの実現に向けた授業改善を考えることは単元や題材など内容や時間のまとまりをどのように構成するかというデザインを考えることに他ならない」と示されることからも分かるように、授業評価に当たっても、単一時間でなく単元（題材）を通して行うことが求められる。

学習の過程において、答申において示された「主体的・対話的で深い学び」に係る「3つの視点」と併せ、それらを実現させる「3つの場面」を抽出し、評価項目を設けることが考えられる。

また、教科等それぞれの「見方・考え方」

を踏まえた思考・判断・表現の「3つの過程」についても、単元（題材）の特性に合わせて設定することも考えられる。

「主体的・対話的で深い学び」3つの場面
○学習の見通しを立てる、振り返る、自身の学びや変容を自覚する
○自分の考えなどを広げたり深めたりする
○児童が考える、教師が教える

授業改善　3つの視点
①主体的な学び
　学ぶことへの興味関心、キャリア形成との関連付け、見通しをもった粘り強い取組、振り返って次につなげる
②対話的な学び
　他者との協働、対話等を手掛かりに考える、自己の考えを広げ深める
③深い学び
　習得・活用・探究の過程で「見方・考え方」を働かせる、知識を相互に関連付ける、より深く理解、情報を精査して考えを形成、問題を見いだして解決策を考える、思いや考えを基に創造する

これと並行して授業全般にわたる基本項目を設定することにより、経験の浅い教員にとっても有効なものとなる。また、評価情報の収集方法としては以下のようなものが考えられる。

学習の成果物等
　・ノート、ポートフォリオ等
　・ペーパーテスト
　・パフォーマンス評価に係る資料
児童生徒の声
　・授業後の立ち話インタビュー
　・簡単アンケート集約
　・児童生徒参加型の研究協議

（5）学校評価への位置付け

　新学習指導要領に係る答申、本文、学習評価関連の答申、報告（1.21）、通知（3.29）では、学習指導と学習評価が学校の教育活動の根幹であり、「カリキュラム・マネジメント」の中核的な役割を担っていることが改めて示された。また学校評価についても「総則」等において「カリキュラム・マネジメントと関連付けて実施されるよう留意するも」のとされている。学校評価に当たっては、次の（図1）のようにグランドデザイン等と自己評価、外部アンケートの関連が図らなければならない。それぞれに掲げる各項目は、教職員間で常に意識化を図り、相互に対応していることを視覚化しながら確認できるとよい。これは保護者や地域関係者に示す際にも有効である。

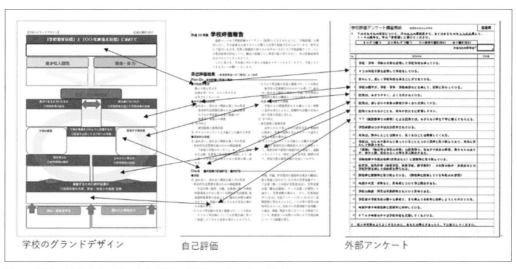

図1　グランドデザイン等と自己評価、外部アンケートの関連

1. 教科におけるカリキュラム・マネジメント

(1) 主体的・対話的で深い学びの視点からの授業改善

報告(1.21)及び通知(3.29)では、観点別評価を1単位時間ごとに行うのではなく、単元や題材ごとの長いスパンで行うことに改めて言及している。これは学習評価の手法や勤務負担軽減のみを意図して言っているのではない。

主体的・対話的で深い学びを通して育むことができる資質・能力は、短いスパンで身に付くものではない。学習者が自ら見通しを立て、学習の進め方を考え振り返りつつ、自ら調整を図りながら学びを深めていく過程で「主体的に学習に取り組む態度」を評価することを考えても、この事は容易に理解できる。授業改善に当たってはまず、これまで続けてきた指導実践を新たな視点でとらえなおし、学習観、評価観の転換を図ることから始める必要がある。

授業改善に当たって学習評価が果たす役割も報告(1.21)及び通知(3.29)において改めて示された。教師が自らの授業を振り返り改善につなげるためにはまず、児童生徒の学びのありようを振り返ることから始める必要がある。併せて、それを児童生徒一人一人の学習の成立を促すことにつなげるための評価とするという視点を、一層重視する必要がある。従前から言われ続けてきた指導と評価の一体化を進めながら授業改善につなげるサイクルを形成することが改めて求められているのである。

(2) 授業改善の視点と単元や題材の組み立て

平成29年版解説総則編(p.77)では「主体的・対話的で深い学びの実現に向けた授業改善を考えることは単元や題材など内容や時間のまとまりをどのように構成するかというデザインを考えることに他ならない」と結論付けるとともに、授業改善に当たってもつべき「視点」や単元や題材の指導過程において盛り込むべき「場面」を次のように示している。

●授業改善 3つの視点

視点1：主体的な学び

　学ぶことに興味や関心を持ち、自己のキャリア形成の方向性と関連付けながら、見通しをもって粘り強く取り組み、自己の学習活動を振り返って次につなげているか。

視点2：対話的な学び

　子供同士の協働、教職員や地域の人との対話、先哲の考え方を手掛かりに考えること等を通じ、自己の考えを広げ深めているか。

視点3：深い学び

　習得・活用・探究という学びの過程の中で、各教科等の特質に応じた「見方・考え方」を働かせながら……

・知識を相互に関連付けてより深く理解する
・情報を精査して考えを形成する
・問題を見いだして解決策を考える
・思いや考えを基に創造する
　　　　……ことに向かっているか。

これらの視点をもちながら、単元や題材など内容のまとまりを見通して、さまざまな学習の過程に合わせた「場面」を組み込んでいくことになる。

場面1

　主体的に学習に取り組めるよう学習の見通しを立てたり学習したことを振り返ったりして自身の学びや変容を自覚できる場面

場面2

　対話によって自分の考えなどを広げたり深めたりする場面

場面3

　学びの深まりをつくりだすために「児童が考える」「教師が教える」両場面

　また、各教科等の「見方・考え方」は「深い学び」の鍵となるものとして位置付けている。これを踏まえて示しているのが3つの思考・判断・表現の過程である。これらを各教科等の特質に合わせて学習の過程に組み込んでいくことになる。

過程1

　物事の中から問題を見いだし、その問題を定義し解決の方向性を決定し、解決方法を探して計画を立て、結果を予測しながら実行し、振り返って次の問題発見・解決につなげていく

過程2

　精査した情報を基に自分の考えを形成し表現したり、目的や状況等に応じて互いの考えを伝え合い、多様な考えを理解したり、集団としての考えを形成したりしていく

過程3

　思いや考えを基に構想し、意味や価値を創造していく

（3）教科のカリキュラム・マネジメント

　前項で示した単元や題材の構成の前提になるのが教科のカリキュラム・マネジメントである。教科指導についても他の教育活動と同じように、学校教育目標や学校教育全体を通して身に付けさせたい資質・能力との関連を意識した指導実践が、十分に行われてこなかったことがうかがわれる。とはいえ、目の前の児童生徒と向き合い、教科書のページを消化し、1時間1時間の授業をこなしていくだけで精一杯というのもまた現実であろう。

　別項でも述べたように、これまで続けてきた実践についてはその価値を新たな視点でとらえなおし価値付けることにより、徒労感を伴わずに新たな実践への転換を図るという発想をもつことが大切である。

　年間を通して、また、学年間のつながりを念頭に置きながら、これまでの教科指導に係る指導実践にはどのような意味があったのかを学年会等の場で組織的に振り返りながら、教科ごとのグランドデザインを描いていくとよい（図1）。

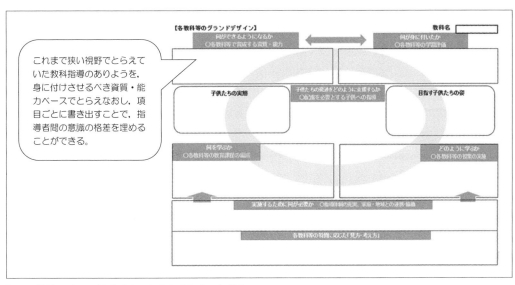

図1　教科のグランドデザインを考えるための枠組み

おわりに

　平成 29 年（高校は平成 30 年）告示の学習指導要領は、令和 2 年 4 月の小学校、令和 3 年度に中学校、令和 4 年度に高等学校の一年生から学年進行で、全面実施される。

　今回の学習指導要領改訂では、各教科共に学習指導要領の目標、内容、指導「事項」の構造化が図られている。これまで学習指導要領では、各教科の目標、内容、指導「事項」は、教科毎に設定されてきた。今回の改訂では、文部科学省中央教育審議会教育課程部会において、各教科の基本的な構造の方向性が先に決定された。そこでは、各教科の特性を生かしながらも教育課程としての基本的な枠組みの方向性を定めている。

　さらに、この各教科で育成すべき資質・能力を各学校の児童生徒の実態に合わせて育成するために、カリキュラム・マネジメントが重視されている。そのため、各学校においては、学習指導要領に基づき組織的かつ計画的に教育活動を行うことが求められている。

　これまで、カリキュラム・マネジメントとという言葉は、教育課程経営という言葉で用いらることが多かった。それは、教育課程の編成と学校経営ということから、校長が行うものと受け止められてきた。また、教育課程からは、教育課程の編成表として、授業の年間計画であったり授業時数の配当を行うことであったりした。

　しかし、今回の学習指導要領改訂では、その意味は大きく変わってきている。

　カリキュラム・マネジメントは、本文中にも取り上げたが、学習指導要領総則編に示されている以下の 6 つのすべてにわたって、行われなくてはならない。

① 「何ができるようになるか」（育成を目指す資質・能力）
② 「何を学ぶか」（教科等を学ぶ意義と、教科等間・学校段階間のつながりを踏まえた教育課程の編成）
③ 「どのように学ぶか」（各教科等の指導計画の作成と実施、学習・指導の改善・充実）［＝「主体的・対話的で深い学び」］
④ 「子供一人一人の発達をどのように支援するか」（子供の発達を踏まえた指導）
⑤ 「何が身に付いたか」（学習評価の充実）
⑥ 「実施するために何が必要か」（学習指導要領等の理念を実現するために必要な方策）

　上記の①から⑥まで、今日の学校でどのように行われているだろうか。

　①は、これまでも学習指導要領で示されている。

　②は、これまで言われてきているものの、各学校における教育課程の編成には至っていない実情がある。このことも本文中で取り上げたが、教科書の目次に従って順に教科書を扱うことが多く行われており、各学校における児童生徒の実態に即したものにはなり得ていない状況も多くある。

③は、教科書の内容を目次の順にしたがって行う授業ではなく、各教科等において年間や単元の指導計画を各学校の実情に合わせて編成することが重要となる。さらに、授業においてもこれまで行われてきた指導観からの、転換が図られなくてはならない。

そこで、これまで多く行われてきた教師の講義中心の授業から、一人一人の児童生徒が主体的に学習に取り組み、それと同時に教室の中の他者との対話（自己・他者・資料・作者等）を通し、それらの学習活動を受けて深い学びを実現する授業が求められている。

④は、これまで学校教育が集団を対象とした教育の場として機能してきたことを踏まえつつ、その構成員としての一人一人の児童生徒にも配慮することが求められている。

時代は共生社会を迎え、インクルーシブ教育が重要となっている。さらに、合理的配慮も求められている。まさに、一人一人の児童生徒が「みんな違う」ことを前提として教育を行うことが求められていることの重要性を確認したい。

⑤は、学習評価である。今回の学習指導要領改訂では、観点別学習状況の評価の観点が、〔知識・技能〕〔思考・判断・表現〕〔主体的に学習に取り組む態度〕の3観点に変わった。特に、〔知識・技能〕〔思考・判断・表現〕の評価規準は、学習指導要領の「②内容」の指導「事項」に沿ったもの（「内容のまとまりごとの評価規準」）となっている。

また、〔主体的に学習に取り組む態度〕は、各教科によって内容の示し方に違いはあるが、原則「粘り強い取組」と「自己調整を図る」が、評価規準に取り入れられている。

⑥は、「学校の指導体制の充実」と「家庭・地域との連携・協働」を求めている。ここに関しても一律のものではなく、各学校の実情に応じた対応が求められる。特に、「社会に開かれた教育課程」として、学校のみの教育ではなく、家庭・地域との連携が重要となる。家庭・地域との連携には各学校の創意工夫が求められる。

上記の内容は、学校教育全体に関わるものである。したがって、このことを具現化するには、各学校において全教職員が関わって行われなくては、その実現を図ることはできない。学校教育に対しての一人一人の教職員の姿勢が問われるものとなる。

具現化するには、各学校の教職員全員で学校のグランドデザインを作成し、各学校で目指す教育に対する意識と意思のベクトルを整え、方向付けることが重要となる。

本書では、本の副題に「ーカリキュラム・マネジメントを通してー」とあるように、資質・能力の育成をカリキュラム・マネジメントが求める内容を通して記述することを行った。内容は、小学校、中学校、高等学校、特別支援学校の授業を具体の対象として、今回の学習指導要領改訂の全体像が見えるように構成した。

本書を上梓するにあたって、株式会社東洋館出版社の上野絵美様には、企画段階から時間がかかったにもかかわらず、その都度、的確なご助言をいただき、また、多大なる尽力をいただきました。心より感謝申し上げます。

2020年2月

髙木　展郎

【編著者】

田中　保樹　たなか・やすき
学校法人北里研究所北里大学理学部准教授（教職課程センター）

1961 年に生まれ横浜市で育つ。1985 年に東京理科大学を卒業し横浜市立中学校に理科教員として赴任。1997 年から 12 年間、横浜国立大学教育人間科学部附属横浜中学校で勤務。在職中、横浜国立大学大学院を修了。最後の 4 年間は髙木展郎校長の下、研究主任、教務主任として教育とその研究、カリキュラム・マネジメントを推進。2009 年から横浜市教育委員会事務局の指導主事、国立教育政策研究所の学力調査官・教育課程調査官、文部科学省の教科調査官を経て、2018 年に横浜市を早期退職。現在、北里大学教職課程センターに所属し、教職概論、理科教育法等の授業、学習評価や理科教育等の教育に関する研究を推進。著書、発表、社会貢献活動、所属学会等は、Web サイト（北里大学研究者情報）にて。

三藤　敏樹　みふじ・としき
横浜市立横浜サイエンスフロンティア高等学校附属中学校副校長

1963 年横浜市生まれ。國學院大學文学部文学科を卒業し、横浜市立中学校に国語科教員として赴任。在職中、文部省若手教員海外派遣団の一員としてアメリカ合衆国インディアナ州に赴く。また、横浜市一般派遣研究生として横浜国立大学に内地留学し髙木展郎教授の指導を受けた後、横浜国立大学大学院を修了。横浜市立港南台第一中学校において、髙木教授の指導の下、横浜国立大学教育人間科学部附属中学校とともに文部科学省の「国語力向上モデル事業」の委嘱を受け、教務主任として「各教科等における言語活動の充実」をテーマに研究を推進。2014 年日産自動車人財開発グループへの派遣、2015 年から横浜市教育委員会事務局教職員育成課指導主事を経て、2018 年から現職。学校心理士。

髙木　展郎　たかぎ・のぶお
横浜国立大学名誉教授

1950 年横浜市生まれ。横浜国立大学教育学部卒、兵庫教育大学大学院修了。国公立の中学校・高等学校教諭、福井大学、静岡大学を経て、横浜国立大学教授 2016 年 3 月退官。
主な著書に、『変わる学力　変える授業』（三省堂　2015）、『新学習指導要領がめざす　これからの学校・これからの授業』（共著、小学館 2017）、『平成 29 年改訂中学校教育課程実践講座国語』（共編著、ぎょうせい 2017）、『新学習指導要領　高校の国語授業はこう変わる』共編著、三省堂　2018）、『評価が変わる　授業を変える』（三省堂 2019 ）、『フィンランド×日本の教育はどこへ向かうのか―明日の教育への道しるべ』（共著、三省堂、2020）

【執筆者】　※掲載は執筆順。所属は令和2年1月現在。

田中保樹	同上	はじめに、Ⅱ-1・2、Ⅲ-①-2・4 Ⅲ-②-1・2、Ⅲ-④-1、Ⅲ-⑤-1
三藤敏樹	同上	はじめに、Ⅱ-3、Ⅲ-①-1 Ⅲ-③-1～3、Ⅲ-⑤-2・3 Ⅲ-⑦-1～3、Ⅲ-⑧-1・2
髙木展郎	同上	Ⅰ-1・2、おわりに
三浦　匡	横須賀市立馬堀小学校校長	Ⅰ-3-1、Ⅲ-⑨-1、Ⅲ-⑩-1
末岡洋一	横浜市教育委員会事務局東部学校教育事務所 指導主事室首席指導主事	Ⅰ-3-2
加藤俊志	神奈川県立新羽高等学校校長	Ⅰ-3-3
萩庭圭子	神奈川県立横浜南養護学校校長 前文部科学省特別支援教育調査官	Ⅰ-3-4
岡本利枝	横浜市立太尾小学校主幹教諭	Ⅱ-4、Ⅱ-5、Ⅱ-5-2
伊東有希	川崎市立東小倉小学校教諭	Ⅱ-5-1
西田俊章	横浜市立井土ヶ谷小学校教諭	Ⅱ-5-3
鈴木優子	元横浜国立大学教育学部附属横浜小学校教諭	Ⅱ-5-4
岡﨑陽子	横浜市立山王台小学校副校長	Ⅱ-5-5
横山真帆	横浜市立峯小学校教諭	Ⅱ-5-6
大平はな	横浜市教育委員会事務局教職員育成課主任指導主事	Ⅱ-5-7、Ⅲ-⑦-5
栗原優花	横浜市立港南台第一中学校教諭	Ⅱ-5-8
土谷　満	横浜国立大学教育学部附属横浜中学校主幹教諭	Ⅱ-5-9、Ⅲ-①-5
藤原大樹	お茶の水女子大学附属中学校教諭	Ⅱ-5-10
蛭田真生	横浜市立南高等学校附属中学校主幹教諭	Ⅱ-5-11、Ⅲ-①-3、Ⅲ-⑥-2
小倉　修	神奈川県立総合教育センター指導主事	Ⅱ-5-12
植草透公	横浜市立横浜サイエンスフロンティア高等学校 附属中学校主幹教諭	Ⅱ-5-13・14、Ⅲ-⑦-6
下村　治	横浜市立洋光台第一中学校主幹教諭	Ⅱ-5-15
田中宏史	神奈川県立横浜南養護学校教頭	Ⅲ-④-2
山内裕介	横浜市教育委員会事務局教職員育成課主任指導主事	Ⅲ-⑥-1
利根川翔	横浜市立横浜サイエンスフロンティア高等学校教諭	Ⅲ-⑦-4

資質・能力を育成する学習評価
―カリキュラム・マネジメントを通して―

2020（令和2）年2月24日　初版第1刷発行

編 著 者：田中保樹・三藤敏樹・髙木展郎
発 行 者：錦織　圭之介
発 行 所：株式会社東洋館出版社
　　　　　〒113-0021　東京都文京区本駒込5丁目16番7号
　　　　　営 業 部　電話 03-3823-9206　FAX 03-3823-9208
　　　　　編 集 部　電話 03-3823-9207　FAX 03-3823-9209
　　　　　振　　替　00180-7-96823
　　　　　Ｕ Ｒ Ｌ　http://www.toyokan.co.jp

装丁：宮澤新一（藤原印刷株式会社）
印刷・製本：藤原印刷株式会社

ISBN978-4-491-03950-3　　　　　　　　　Printed in Japan